# BJÖRN FREITAG
# SMART COOKING

## EINFACHER GEHT'S NICHT

### Kochen ohne Einkaufsstress und ohne Küchenchaos

Fotos Hubertus Schüler

# REZEPTE

**Spannender Mehrwert: unser neuer Mengenrechner**
Alle Einkaufslisten in diesem Buch können Sie, wenn Sie sich auf der Seite **www.mengenrechner.de** anmelden (kostenlos!), an die Personenzahl anpassen und für den Einkauf ausdrucken, als E-Mail auf Ihr Smartphone schicken oder einfach während des Einkaufs aufrufen. Zutaten lassen sich auch mühelos streichen oder ergänzen. Sie brauchen also keine Zutatenlisten mehr abzuschreiben oder zu fotografieren.

**Aber damit nicht genug:** Sie können die einzelnen Nährwerte (zum Beispiel Kohlenhydrate, Fette, Eiweißgehalt, Kalorien) einsehen, Ihren tatsächlichen Energieverbrauch wissenschaftlich präzise berechnen und die Einkaufslisten vor Ihrem Einkauf daran anpassen, sogar für mehrere Personen. Auch bei der Suche nach passenden Rezepten ist der Mengenrechner eine große Hilfe. Sie können zum Beispiel gezielt Reste verwerten, indem Sie nach Rezepten mit bestimmten Zutaten suchen. Dabei können Sie auch Zutaten ausschließen, nach gluten- oder laktosefreien Rezepten suchen oder solchen mit möglichst wenig Kohlenhydraten. Vieles ist möglich!
In absehbarer Zeit werden diese Funktionen für alle anderen Kochbücher des Becker Joest Volk Verlags verfügbar sein, sodass Sie bald gleichzeitig in allen Büchern unseres Hauses suchen können. Anschauen und anmelden lohnt sich!

# GANZ SCHÖN SMART

Dieses Buch ist aus meinen privaten Aufzeichnungen entstanden. Es ist eine Sammlung meiner Rezepte, die ich koche, wenn ich Lust auf Lieblingsgerichte habe, aber eigentlich keine Zeit zu kochen und keine Lust, die Küche in ein Schlachtfeld zu verwandeln. Die Idee kam mir im Urlaub an der Nordsee, wo ich ein kleines Apartment gemietet hatte – mit nur zwei kleinen Herdplatten, einem Topf, einer Pfanne und einem Minibackofen. Gleich um die Ecke war ein erstaunlich gut sortierter Markt mit frischen Lebensmitteln. Schnell hatte ich Rezepte entwickelt, die man mit dieser Minimalausrüstung nach einem schönen Urlaubstag ganz einfach in kurzer Zeit hinbekommt. So entstand „Smart Cooking" oder „schlaues Kochen", sozusagen der Gegenentwurf zur zeitaufwendigen Sterneküche, die ich meinen Gästen im Restaurant serviere. Aber auch zu Hause genießen wir diese Rezepte immer dann, wenn nach einem langen Arbeitstag noch was richtig Leckeres auf den Tisch soll.

**Für mich heißt Smart Cooking:**

**1** Auf keinerlei Aromen verzichten. **2** Möglichst wenig Equipment benutzen und schmutzig machen. **3** Den Geldbeutel durch weniger Lieferdienste und Fertigprodukte schonen. **4** Keine stundenlangen Kochorgien.

Ich wünsche Ihnen viel Spaß mit dem Buch und hoffe, dass Sie schnell merken, dass weniger manchmal mehr sein kann.

Ihr
Björn Freitag

# DIE BASICS-LISTE

In unserer Basics-Liste finden Sie die notwendigen Standardlebensmittel, die Sie – nicht nur für dieses Buch – immer im Haushalt haben sollten. Für die Rezepte benötigen Sie dann nur noch die Dinge, die man bei einem kurzen Sprung in den Supermarkt oder auf den Markt am besten **frisch und nach tatsächlichem Bedarf** kauft.

Gehen Sie die Basics-Liste am besten einmal kurz durch und prüfen Sie, ob Ihnen irgendetwas davon in Ihrem Haushalt fehlt. Damit sind Sie für die Rezepte in diesem Buch bestens vorbereitet. In den Zutatenlisten sind **Basics** und **frische Zutaten** getrennt, um den schnellen Einkauf noch einfacher zu machen.

BASICS                    FRISCHE ZUTATEN

## DIESE LEBENSMITTEL SOLLTEN SIE IMMER IM HAUSHALT HABEN:

### A

Ahornsirup

### B

Balsamico-Essig, dunkel

Balsamico-Essig, weiß

Bier

Butter

### C

Cashewkerne

Cayennepfeffer

Chilipulver

Chilisauce, süß

Currypulver

### E

Eier

### F

Frischkäse

### G

Gemüsebrühe

### H

Haferflocken

Honig

### I

Ingwerpulver

### K

Kartoffeln, festkochend

Kartoffeln, mehligkochend

Kartoffeln, vorwiegend festkochend

Knoblauch

Kokosessig

Kokosmilch (Dose)

Koriandersamen

Kreuzkümmel, gemahlen

Kümmel, ganz

Kümmel, gemahlen

### L

Lorbeerblätter

### M

Majoran, getrocknet

Mayonnaise

Meersalz

Mehl

Milch

Muskatnuss

### N

Nudeln

### O

Olivenöl

Orangensaft

### P

Paniermehl

Paprikapulver, edelsüß

Pfeffer, schwarz

Pfeffer, weiß

### R

Rapsöl

Rosinen

Rotwein

### S

Sahne

Senf, körnig

Senf, mittelscharf

Sesamsamen

Sojasauce

Speisestärke

### T

Teriyakisauce

Toastbrot

Tomaten, gehackt (Dose)

Tomatenmark

Tomatenpüree (Dose)

Trockenhefe

### W

Wacholderbeeren

Weißwein

### Z

Zitronen

Zucker, braun

Zucker, weiß

Zwiebeln

# Einfaches
## MIT FLEISCH

# RINDFLEISCH
# ROTWEIN
# BAGUETTE

Nur

*1 Topf*

groß

## FÜR 2 PORTIONEN

500 g Rindfleisch aus der
    Oberschale
2 Karotten
½ Baguette
1 EL gehackte Petersilie
    zum Garnieren

1 dicke Zwiebel
2 EL Rapsöl
1 EL Mehl
150 ml kräftiger Rotwein
1 Knoblauchzehe
2 Lorbeerblätter
Meersalz
schwarzer Pfeffer

## ARBEITSZEIT **15 MINUTEN**
## KOCHZEIT **90 MINUTEN**

**1** Das **Fleisch** in Würfel schneiden, **Karotten** und **Zwiebel** schälen und würfeln. **2** In einem Topf das **Öl** erhitzen und das Fleisch darin anbraten. Zwiebeln und Karotten dazugeben und dann bei mittlerer Hitze köcheln lassen, bis der Fleischsaft im Topf verdampft ist. **3** Das **Mehl** darüberstäuben und unter Rühren den **Rotwein** und 300 ml Wasser zugeben. Die **Knoblauchzehe** schälen und hacken. **Lorbeerblätter, Salz** und **Pfeffer** dazugeben, den Deckel auflegen und das Ragout etwa 1 ½ Stunden köcheln lassen, bis das Fleisch zart ist. Das **Baguette** in Scheiben schneiden und zum mit **Petersilie** bestreuten Ragout servieren.

# Brokkoli / Pecorino / Speck / Kartoffelwürfel

**1 große Pfanne,
1 mittelgroßer Topf**

FÜR 2 PORTIONEN

120 g Pecorino
1 Brokkoli (etwa 400 g)
100 g Tiroler Speck

250 ml Milch
3 festkochende Kartoffeln
  (etwa 300 g)
2 EL Rapsöl
Muskatnuss
Meersalz
schwarzer Pfeffer

ARBEITSZEIT **18 MINUTEN**
KOCHZEIT **25 MINUTEN**

**1** Den **Pecorino** fein hobeln, in der **Milch** auf etwa 80 °C erhitzen und 15 Minuten ziehen lassen. Wichtig: Nicht kochen lassen! **2** **Kartoffeln** schälen und in kleine Würfel schneiden. In einer Pfanne das **Rapsöl** erhitzen und die Kartoffelwürfel darin braten. Die Pfanne oft schwenken, damit die Kartoffeln gleichmäßig garen. **Brokkoli** waschen, in Röschen schneiden und zu den Kartoffeln geben, sodass alles gleichzeitig gar wird. Den **Speck** fein schneiden, zum Schluss in die Pfanne geben und mit durchschwenken. **3** Die Käsesauce kräftig mit **Muskatnuss** abschmecken. Dann mit **Salz** und **Pfeffer** würzen und die Sauce mit dem Stabmixer schaumig aufmixen. **4** Die Sauce vor dem Servieren über das Gemüse gießen.

# BANDNUDELN / FILETSTREIFEN / ESTRAGON

**NUR 1 GROSSE PFANNE**

## FÜR 2 PORTIONEN

300 g Rinderfilet
400 ml dunkler Bratenfond (Glas)
250 g frische Bandnudeln
   (Kühlregal oder Grundrezept
   auf Seite 156)
1 Bund Estragon

1 EL Rapsöl
1 Lorbeerblatt
100 g Sahne
1 TL Senf
1 EL edelsüßes Paprikapulver
Meersalz
grober schwarzer Pfeffer aus
   der Mühle

## ARBEITSZEIT **20 MINUTEN**

**1** Das **Rinderfilet** rechtzeitig aus dem Kühlschrank nehmen, es sollte Zimmertemperatur haben. Das Fleisch in Streifen schneiden. **2** Das **Rapsöl** in einer großen Pfanne erhitzen. Die Filetstreifen darin bei starker Hitze etwa 3 Minuten anschwitzen und dann wieder aus der Pfanne nehmen. Den **Bratenfond** in die Pfanne gießen, das **Lorbeerblatt** zugeben und die Flüssigkeit auf die Hälfte einkochen lassen. **3** Die **Nudeln** in die Pfanne geben und mit Deckel 2 Minuten köcheln lassen. **4** Den **Estragon** waschen und hacken. **Sahne,** Estragon – ein wenig zum Garnieren beiseitelegen –, **Senf, Paprikapulver, Salz** und **Pfeffer** zugeben. Alles gut durchrühren und auf Temperatur bringen. Das Fleisch in die Sauce geben, warm ziehen lassen, anrichten und mit Estragon garnieren.

# KRITHARAKI
## SPITZKOHL / BACON
## TOMATEN

1 BACKBLECH UND 1 GROSSER TOPF

**FÜR 2 PORTIONEN**

6 Scheiben Bacon (80 g)
1 kleiner Spitzkohl
200 g Kritharaki
1 EL gehackte Petersilie
    zum Garnieren

1 Dose gehackte Tomaten
    (etwa 400 g)
1 l Gemüsebrühe
1 TL ganzer Kümmel
3 EL weißer Balsamico-Essig
Meersalz
weißer Pfeffer

**ARBEITSZEIT 10 MINUTEN**
KOCHZEIT **15 MINUTEN**

**1** Den **Bacon** auf einem mit Backpapier ausgelegten Blech im Ofen bei 150 °C Ober-/Unterhitze 15 Minuten trocknen lassen und klein schneiden. **2** Den **Spitzkohl** waschen und in dünne Streifen schneiden. Dann mit **Tomaten, Gemüsebrühe, Kritharaki** und **Kümmel** in einen Topf geben, Deckel auflegen und den Eintopf etwa 15 Minuten köcheln lassen. Mit **Balsamico-Essig, Salz** und **Pfeffer** abschmecken. Den Bacon zum Servieren auf den Eintopf bröseln und mit der **Petersilie** bestreuen.

**Tipp:** Kritharaki sind kleine Nudeln in Form von Reiskörnern – eine Spezialität der griechischen Küche.

# GESCHMORTE RIPPCHEN
## TRÜBES BIER
## FLEISCHTOMATEN

**Nur
1 großer Bräter oder
1 Topf mit Deckel**

## FÜR 2 PORTIONEN

4 dicke Fleisch- oder
   Ochsenherztomaten
800 g dünne Schweinerippchen
4 EL Ananaskonfitüre plus evtl.
   etwas mehr

3 vorwiegend festkochende
   Kartoffeln (etwa 250 g)
Meersalz
1 TL getrockneter Majoran
2 EL Rapsöl
200 ml Bier (am besten trübes,
   süffiges Landbier)
1 EL Koriandersamen
schwarzer Pfeffer

**ARBEITSZEIT 15 MINUTEN
KOCHZEIT 90 MINUTEN**

**1** Den Backofen auf 180 °C Ober-/Unterhitze vorheizen. **2** Die **Tomaten** waschen, halbieren und den Stielansatz wegschneiden. Jede Hälfte in drei Spalten schneiden. Die **Kartoffeln** schälen, in grobe Stücke schneiden und mit den Tomaten in einem Bräter mit **Salz, Majoran** und **Öl** anbraten. Dann mit dem **Bier** ablöschen. Die **Koriandersamen** grob zerstoßen. **3** Die **Rippchen** dick mit der **Konfitüre** einpinseln und mit dem Koriander bestreuen. **Salzen, pfeffern** und in den Bräter auf das Gemüse legen. Den Deckel auflegen und alles im Ofen 1 ½ Stunden schmoren. **4** Den Deckel abnehmen und den Ofen 5–10 Minuten auf Grillstufe stellen. Die Rippchen eventuell nochmals mit **Konfitüre** bestreichen, damit sie leicht karamellisieren. Das Enzym der Ananas macht sie schön mürbe.

# Dicke Bohnen / Salami / Kartoffel- stampf

**2 MITTELGROSSE TÖPFE**

## FÜR 2 PORTIONEN

400 g Dicke Bohnen
2 EL Crème fraîche
1 TL natürliches Rauchsalz
   (oder normales Salz)
80 g ungarische Salami in
   Scheiben
1 EL gehackte Petersilie
   zum Garnieren

2 mehligkochende Kartoffeln
   (etwa 200 g)
Meersalz
100 ml Gemüsebrühe
1 EL getrockneter Majoran
schwarzer Pfeffer
Muskatnuss

**ARBEITSZEIT 15 MINUTEN**
**KOCHZEIT 25 MINUTEN**

**1** Die **Kartoffeln** schälen, grob schneiden und in **Salzwasser** garen. Abgießen und stampfen. **2** Im anderen Topf reichlich Wasser erhitzen. Die **Bohnen** darin 5 Minuten blanchieren. Abgießen, abtropfen lassen und auf die Kartoffeln geben. **3** Die restlichen **Zutaten** außer Salami und Petersilie zugeben, alles vermischen und nochmals langsam erhitzen. Den Eintopf gut abschmecken. **4** Die **Salamischeiben** in feine Streifen schneiden und unterheben. Mit **Petersilie** bestreut servieren.

# KAROTTEN
# GROBE BRATWURST
# SESAM / SOJA

1 MITTELGROSSE PFANNE,
1 MITTELGROSSER TOPF

## FÜR 2 PORTIONEN

3 dicke Karotten
2 grobe rohe Bratwürste
1 EL Sesamsamen

2 vorwiegend festkochende
   Kartoffeln (etwa 250 g)
2 EL Rapsöl
Meersalz
schwarzer Pfeffer
Zucker
1 TL getrockneter Majoran
1 EL Honig
1 EL Sojasauce

ARBEITSZEIT **15 MINUTEN**
KOCHZEIT **25 MINUTEN**

**1** **Karotten** und **Kartoffeln** schälen und in grobe Stücke schneiden. Im Topf 1 EL **Öl** erhitzen und das Gemüse darin anbraten. Mit etwa 100 ml Wasser ablöschen, mit **Salz, Pfeffer** und **Zucker** würzen und abgedeckt etwa 25 Minuten garen. In den letzten 5 Minuten Garzeit den getrockneten **Majoran** zugeben.

**2** Das restliche **Öl** in der Pfanne erhitzen und die **Würste** darin braten. Wenn die Würste fertig sind, in den Bratensatz **Sesam, Honig** und **Sojasauce** geben und verrühren. Das Gemüse in tiefen Tellern anrichten, die Würste dazulegen und die Sauce darüberträufeln.

# CHILI CON CARNE KNÄCKEBROT FRISCHKÄSE

Nur

*1 Topf*

groß

## FÜR 2 PORTIONEN

300 g Kidneybohnen (Dose)
400 g Rinderhackfleisch
2 Scheiben Knäckebrot
1 EL gehackte Petersilie
   zum Garnieren

2 EL Rapsöl
400 g Tomatenpüree (Dose)
1 EL Chilipulver
2 EL weißer Balsamico-Essig
1 EL Zucker
Meersalz
3 EL Frischkäse
schwarzer Pfeffer

ARBEITSZEIT **20 MINUTEN**
KOCHZEIT **45 MINUTEN**

**1** Die **Kidneybohnen** in ein Sieb geben und gut abspülen. Das **Rapsöl** in einem großen Topf erhitzen und das **Hackfleisch** darin anbraten. **Tomatenpüree** und Bohnen zugeben und etwa 45 Minuten köcheln lassen. Mit **Chilipulver, Balsamico-Essig, Zucker** und **Salz** abschmecken. **2** Jede **Knäckebrotscheibe** in drei Teile brechen, mit **Frischkäse** bestreichen, mit etwas **Pfeffer** bestreuen und zum heißen, mit **Petersilie** bestreuten Chili servieren.

# SCHWEINEBRATEN / EISBERGSALAT / ERDNÜSSE

**Kein Topf,
keine Pfanne**

## FÜR 2 PORTIONEN

6 Reispapierblätter
150 g Schweinebratenaufschnitt
½ Kopf Eisbergsalat
3 EL geröstete und gesalzene
   Erdnüsse (Fertigprodukt)

1 EL Kokosessig
5 EL Orangensaft
1 EL Sojasauce
½ TL Chilipulver

## ARBEITSZEIT **15 MINUTEN**

**1** Die **Reispapierblätter** kurz anfeuchten, den **Schweinebraten** in Streifen schneiden. Den **Salat** waschen und in feine Streifen schneiden. **2** Die Blätter einzeln ausbreiten und mit Braten, Salat und **Nüssen** belegen. Zusammenrollen, dabei klebt der Teig an der feuchten Seite selbstständig. **3** Aus **Kokosessig, Orangensaft, Sojasauce** und **Chilipulver** einen Dip anrühren und zu den Rollen servieren.

# SCHWEINEFILET
# SCHMORZWIEBELN
# BERGKÄSE

Nur

*1 Pfanne*

ofenfest und beschichtet

## FÜR 2 PORTIONEN

300 g Schweinefilet im Stück
100 g Bergkäse in Scheiben
  (oder Appenzeller)

2 dicke Zwiebeln
2 EL Butter
100 ml Bier
1 EL getrockneter Majoran
Meersalz
schwarzer Pfeffer
2 Scheiben Toastbrot

ARBEITSZEIT **10 MINUTEN**
KOCHZEIT **35 MINUTEN**

**1** Den Backofen auf 160 °C Ober-/Unterhitze vorheizen. **2** Das **Schweinefilet** in einer ofenfesten, beschichteten Pfanne kurz von allen Seiten anbraten und im Backofen etwa 15 Minuten zu Ende garen. Herausnehmen und 5 Minuten abgedeckt ruhen lassen. **3** **Zwiebeln** schälen und in Ringe schneiden. In der benutzten Pfanne die Zwiebeln in der **Butter** anschwitzen, mit **Bier** und 50 ml Wasser ablöschen. **Majoran, Salz** und **Pfeffer** dazugeben und abgedeckt 20 Minuten kräftig kochen lassen, bis die Zwiebeln schön weich sind. **4** Die **Toastscheiben** entrinden und toasten, das Fleisch in Scheiben schneiden. Zum Anrichten das Zwiebelragout auf den Toastscheiben verteilen, dann die Fleischscheiben und den **Käse** darauf anrichten. Alles nochmals kurz in den heißen Ofen schieben, damit der Käse etwas zerläuft.

## SAURE BOHNEN
## SCHMAND / METTENDCHEN
## PETERSILIE

Nur
*1 Topf*

groß

### FÜR 2 PORTIONEN

1 Beutel milchsäurevergorene
  Schnibbelbohnen (etwa 500 g)
4 geräucherte Mettendchen (oder
  andere geräucherte Würste,
  z. B. Landjäger)
1 Bund glatte Petersilie
2 EL Schmand

1 dicke Zwiebel
3 mehligkochende Kartoffeln
  (etwa 300 g)
2 EL Rapsöl
600 ml Gemüsebrühe
Meersalz
schwarzer Pfeffer
eventuell etwas weißer
  Balsamico-Essig

ARBEITSZEIT **15 MINUTEN**
KOCHZEIT **25 MINUTEN**

**1** **Zwiebel** und **Kartoffeln** schälen und würfeln. Die Zwiebeln im **Öl** anschwitzen, dann die **Bohnen** leicht abspülen und dazugeben. Kartoffeln und **Brühe** zufügen und alles erhitzen. **2** **Mettendchen** mit einem Messer mehrmals einstechen und im Topf mitköcheln lassen. Die **Petersilie** waschen und grob schneiden. **3** Nach 20 Minuten **Schmand** und Petersilie in den Topf geben und den Eintopf mit **Salz** und **Pfeffer** abschmecken. Wer es saurer mag, gibt noch einen Schuss **Balsamico-Essig** dazu.

**Tipp:** Für dieses typisch rheinische Gericht braucht man unbedingt die säuerlichen eingelegten Schnibbelbohnen. Wer außerhalb des Rheinlands wohnt, kann sie im Internet bestellen.

# Schmarren / Speck / Petersilie / Senfgurken

Nur

*1 Pfanne*

groß, ofenfest

## FÜR 2 PORTIONEN

80 g Tiroler Speck
½ Bund glatte Petersilie
150 g süße Senfgurken

2 EL Rapsöl
3 Eier
Zucker
100 g Mehl
250 ml Milch
Meersalz

## ARBEITSZEIT **15 MINUTEN**
## BACKZEIT **10 MINUTEN**

**1** Den **Speck** in Würfel schneiden, die **Petersilie** waschen und hacken, die **Senfgurken** fein hacken. Das **Rapsöl** in einer großen Pfanne erhitzen und den Speck darin langsam bräunen. **2** Den Backofen auf 180 °C Umluft (Grill) vorheizen. **3** Für den Teig die **Eier** trennen und das Eiweiß mit einer Prise **Zucker** steif schlagen. Die Eigelbe mit **Mehl, Milch** und einer Prise **Salz** verrühren. Den Eischnee unterheben und die Masse auf den Speck in der Pfanne gießen. Den Schmarren im Backofen etwa 10 Minuten garen. Dabei sollte die Masse schön aufgehen. Den Schmarren auf ein Brett stürzen und mit zwei Gabeln zerreißen. Mit Gurkenwürfeln und Petersilie bestreut servieren.

# RINDERSTEAK
# SCHALOTTENSAUCE
# KRUSTENBROT

NUR 1 GROSSE PFANNE,
AM BESTEN UNBESCHICHTET

## FÜR 2 PORTIONEN

400 g Rumpsteak vom Rind
5 kleine Schalotten
200 ml dunkler Bratenfond
   (notfalls aus dem Glas)
1 Bund glatte Petersilie
100 ml Crème double
2 Scheiben Graubrot

Meersalz
2 EL Rapsöl
50 ml Rotwein (Weißwein
   geht auch)
1 EL Sojasauce
1 EL dunkler Balsamico-Essig
schwarzer Pfeffer

## ARBEITSZEIT **8 MINUTEN**
## KOCHZEIT **20 MINUTEN**

**1** Den Backofen auf 150 °C Ober-/Unterhitze vorheizen. **2** Das **Rumpsteak salzen** und in einer Pfanne so heiß wie möglich von beiden Seiten kross anbraten. Aus der Pfanne nehmen und im Backofen auf das Gitter legen. Eine Fettpfanne oder einen Bogen Alufolie auf den Boden des Backofens legen. Das Fleisch 10–15 Minuten medium garen. **3** Die **Schalotten** schälen, würfeln und in der heißen Fleischpfanne im **Öl** anschwitzen. Mit **Rotwein** und **Bratenfond** ablöschen und so lange einkochen lassen, bis kaum noch etwas übrig ist. **Petersilie** waschen und hacken. **Crème double,** Petersilie, **Sojasauce** und **Balsamico-Essig** in die Pfanne rühren. Die Sauce mit **Pfeffer** abschmecken und heiß zum Steak servieren. Das **Brot** eventuell im Ofen etwas erwärmen und dazu servieren.

**Tipps:** Lässt sich gut vorbereiten, einfach abends wieder erhitzen. Geht ganz schnell, wenn noch gekochte Kartoffeln vom Vortag übrig sind.

# SCHNELLES SAUERKRAUT
## REIFE MANGO
### KASSLER

Nur
*1 Topf*

groß

## FÜR 2 PORTIONEN

1 reife Mango
300 g Kassler
1 Beutel vorgegartes Sauerkraut
  (etwa 400 g)
2 EL Crème fraîche
1 EL gehackte Petersilie
  zum Garnieren

4 mehligkochende Kartoffeln
  (etwa 400 g)
Meersalz
100 ml Orangensaft
2 Lorbeerblätter
4 Wacholderbeeren
schwarzer Pfeffer

## ARBEITSZEIT **18 MINUTEN**
## KOCHZEIT **30 MINUTEN**

**1** Die **Kartoffeln** schälen, vierteln, in **Salzwasser** garen und abgießen. Die **Mango** schälen und würfeln, das **Kassler** in grobe Würfel schneiden. **2** Das **Sauerkraut** mit gekochten Kartoffeln, Mangowürfeln, **Orangensaft, Lorbeerblättern** und **Crème fraîche** in einen Topf geben. Die **Wacholderbeeren** etwas andrücken und dazugeben. Alles erhitzen und 5 Minuten köcheln lassen. **3** Die Kasslerwürfel dazugeben und weitere 5 Minuten ziehen lassen, bis das Kassler warm ist. Gut mit **Salz** und **Pfeffer** abschmecken und mit **Petersilie** bestreut servieren.

# TOAST / SPECK / ZWIEBELN

**1 Backblech und
1 schwerer Topf zum
Beschweren**

## FÜR 2 PORTIONEN

2 EL geräucherter Speck (50 g)
3 EL Crème fraîche
1 EL gehackte Petersilie zum
   Garnieren

2 rote Zwiebeln
1 TL getrockneter Majoran
2 EL weißer Balsamico-Essig
4 Scheiben Toastbrot
2 EL Rapsöl
weißer Pfeffer

## ARBEITSZEIT **15 MINUTEN**
## BACKZEIT **15 MINUTEN**

**1** Den Backofen auf 190 °C Umluft (Grill) vorheizen. Den **Speck** würfeln, **Zwiebeln** schälen und in halbe Ringe schneiden. Speck, Zwiebeln und **Majoran** auf einem Backblech verteilen, mit dem **Balsamico-Essig** vermischen und im Ofen 7 Minuten vorgaren. Herausnehmen, auf einen Teller geben und das Backblech abwischen. **2** **Toastscheiben** auf dem Blech auslegen und leicht mit **Öl** bepinseln. Im Ofen etwa 3 Minuten bräunen, das Blech herausnehmen und den Toast mit einem schweren Topf beschweren, damit die Scheiben schön flach werden. **3** Toast mit **Crème fraîche** bestreichen, Zwiebelmasse daraufgeben und mit **Pfeffer** bestreuen. Nochmals 2–3 Minuten im Ofen erwärmen. Mit **Petersilie** bestreut servieren.

# Rosenkohl / Schupfnudeln / Roastbeef

**1 GROSSER TOPF UND**

**1 AUFLAUFFORM**

## FÜR 2 PORTIONEN

500 g Rosenkohl (frisch oder TK)
4 EL geriebener Emmentaler
300 g Schupfnudeln (Kühlregal
    oder Grundrezept auf Seite 160)
200 g Roastbeef
1 EL gehackte Petersilie
    zum Garnieren

3 Eigelb
80 g Sahne
80 ml Gemüsebrühe
Meersalz
schwarzer Pfeffer
Muskatnuss

## ARBEITSZEIT **10 MINUTEN**
## BACKZEIT **18 MINUTEN**

**1** Den Backofen auf 180 °C Umluft (Grill) vorheizen.

**2** **Rosenkohl** waschen und putzen. In einem großen Topf in kochendem Wasser 5 Minuten blanchieren, kalt abspülen und abtropfen lassen. **3** Die **Eigelbe** mit **Sahne, Brühe** und **Emmentaler** verrühren. Mit **Salz, Pfeffer** und **Muskat** würzen. **4** Rosenkohl und **Schupfnudeln** in eine Auflaufform schichten und mit der Käsesahne übergießen. Den Schupfnudelauflauf im Backofen etwa 15–18 Minuten backen. Das **Roastbeef** in feine Streifen schneiden und kurz vor dem Essen über den Auflauf streuen. Mit **Petersilie** bestreut servieren.

# KALBSSTRUDEL

## TOMATENMARMELADE / PESTO

1 KLEINER TOPF, 1 BACKBLECH

### FÜR 2 PORTIONEN

3 Tomaten
3 EL Gelierzucker (3:1)
400 g Kalbshackfleisch oder Tatar
    (vom guten Metzger)
2 Scheiben Strudel- oder Filoteig
    (Kühlregal)
3 EL Basilikumpesto (Kühlregal
    oder Grundrezept auf Seite 156)

2 EL weißer Balsamico-Essig
Meersalz
1 Ei
1 EL edelsüßes Paprikapulver
schwarzer Pfeffer
1 Eigelb

### ARBEITSZEIT **15 MINUTEN**
### BACK- UND RUHEZEIT **20–25 MINUTEN**

**1** Die **Tomaten** waschen und von den Stielansätzen befreien. Das Fruchtfleisch klein schneiden und mit **Gelierzucker, Balsamico-Essig** und einer Prise **Salz** kräftig einkochen, bis nur noch etwa ein Drittel der Menge übrig ist. Das kann bis zu 30 Minuten dauern. Eventuell mit **Salz** abschmecken und abgedeckt im Kühlschrank erkalten lassen. **2** Den Backofen auf 180 °C Umluft vorheizen. **3** Das **Hackfleisch** mit dem **Ei** verkneten und mit **Paprikapulver, Salz** und **Pfeffer** abschmecken. **4** Jeweils die Hälfte vom Hack in ein **Teigblatt** einrollen, auf ein Backblech legen und mit **Eigelb** bepinseln. **5** Die Strudel im Backofen etwa 15 Minuten backen. Herausnehmen und 5–10 Minuten ruhen lassen. Die Strudel leicht warm mit Marmelade und **Basilikumpesto** servieren.

# Würstchen im Schlafrock / Senf / Bohnen

**1 Backblech,
1 mittelgroßer Topf,
1 Stabmixer**

## FÜR 2 PORTIONEN

2 dicke Bockwürstchen
2 Scheiben Blätterteig (TK)
300 g grüne Bohnen (frisch
    oder TK)

eventuell 1 Eigelb
Meersalz
1 kleine Zwiebel
1 EL mittelscharfer Senf
1 EL getrockneter Majoran
2 EL Rapsöl
schwarzer Pfeffer

ARBEITSZEIT **25 MINUTEN**
BACKZEIT **12 MINUTEN**

**1** Den Backofen auf 180 °C Umluft vorheizen.

**2** Jedes **Würstchen** in eine Scheibe **Blätterteig** einrollen, auf ein mit Backpapier ausgelegtes Backblech legen und im Backofen etwa 12–14 Minuten backen. Wer mag, kann den Blätterteig vor dem Backen noch mit **Eigelb** bepinseln, dann wird die Oberfläche schön braun und knusprig. **3** In der Zwischenzeit die **Bohnen** waschen, putzen und in einem Topf mit **Salzwasser** etwa 6–8 Minuten kochen, bis man sie zwischen den Fingern leicht zerdrücken kann. Die **Zwiebel** schälen, in Würfel schneiden und in den letzten 2 Minuten der Garzeit zu den Bohnen geben. **4** Bohnen und Zwiebeln abgießen, in einen Mixbecher geben und mit **Senf, Majoran, Rapsöl, Salz** und **Pfeffer** zu einem Püree mixen. Das Püree warm zu den Würstchen anrichten.

# Lamm / Rotwein / Curry / Aubergine

**1 GROSSER TOPF UND**

**1 MITTELGROSSER TOPF**

FÜR 2 PORTIONEN

500 g Lammhüfte (TK)
1 Aubergine (150 g)
2 Karotten (150 g)

500 ml kräftiger Rotwein
1 Zwiebel
½ Biozitrone
2 Knoblauchzehen
2 EL Rapsöl
2 EL Currypulver
Meersalz
schwarzer Pfeffer

ARBEITSZEIT **25 MINUTEN**
KOCHZEIT **60 MINUTEN**

**1** Das **Fleisch** auftauen lassen. Den **Rotwein** in einem mittelgroßen Topf auf die Hälfte der Menge einkochen. **2** Das Lammfleisch vom Fettdeckel befreien und in 2 cm große Würfel schneiden. **Aubergine, Karotten** und **Zwiebel** schälen und würfeln. **Zitrone** waschen und in Scheiben schneiden, **Knoblauchzehen** schälen und klein schneiden. **3** In einem großen Topf das **Öl** erhitzen und das Fleisch darin scharf anbraten. Nach 3 Minuten Auberginen-, Karotten- und Zwiebelwürfel dazugeben und nach weiteren 5 Minuten Zitronenscheiben, Knoblauch und **Currypulver.** Kurz mitbraten und mit 300 ml Wasser und dem Rotwein ablöschen. Deckel auflegen und das Ragout bei geringer Temperatur 1 Stunde köcheln lassen. Wenn das Fleisch zart ist, alles mit **Salz** und **Pfeffer** abschmecken.

**Tipps:** Dazu passt am besten Brot als Beilage. Das Rezept schmeckt übrigens auch ohne Aubergine und Karotten. Besonders gut passt hier das „Purple Curry"-Pulver von Ingo Holland.

# TOAST
# ANANAS
# SCHINKEN / GOUDA

1 BACKBLECH UND
1 PFANNE ODER GRILLPFANNE

## FÜR 2 PORTIONEN

½ Ananas
2 EL Preiselbeeren (Glas)
4 Scheiben Kochschinken (80 g)
4 Scheiben junger Gouda (80 g)

weißer Pfeffer
4 Scheiben Toastbrot

ARBEITSZEIT **12 MINUTEN**
KOCHZEIT **8 MINUTEN**

**1** Die **Ananas** schälen und die Enden entfernen. Das Fruchtfleisch in vier Scheiben schneiden, den Strunk in der Mitte herausschneiden. Ananasscheiben in einer Pfanne oder Grillpfanne ohne Fett braten, bis sie auf beiden Seiten schön braun sind. Die **Preiselbeeren** mit **Pfeffer** verrühren. **2** Das **Toastbrot** toasten und mit je einer Scheibe **Kochschinken,** Ananas, einigen Preiselbeeren und **Gouda** belegen. Auf ein Backblech setzen und im Backofen auf Grillstufe bei voller Hitze gratinieren, bis der Käse leicht braun wird.

# SOMMERDINKEL-PASTA
# CHAMPIGNONS
# PANCETTA

**1 Pfanne und
1 mittelgroßer Topf**

## FÜR 2 PORTIONEN

100 g Champignons
½ Bund glatte Petersilie
80 g Crème fraîche
250 g Sommerdinkel-Nudeln
   (oder normale Nudeln)
50 g Mandelblättchen
70 g Pancetta in dünnen Scheiben

1 Zwiebel
Meersalz
2 EL Olivenöl
200 ml Gemüsebrühe
2 EL weißer Balsamico-Essig
schwarzer Pfeffer

## ARBEITSZEIT **20 MINUTEN**
## KOCHZEIT **10 MINUTEN**

**1** Eine große Servierschüssel in den Backofen stellen und bei 50 °C Ober-/Unterhitze erwärmen. Die **Champignons** säubern und fein schneiden. Die **Petersilie** waschen und hacken, die **Zwiebel** schälen und hacken. In einem großen Topf ausreichend **Salzwasser** für die Nudeln erhitzen. **2** In der Pfanne das **Olivenöl** erhitzen und Champignons und Zwiebeln darin anrösten. Mit **Gemüsebrühe** und **Crème fraîche** ablöschen, in die Servierschüssel im Backofen geben und warm stellen. **3** Die **Nudeln** kochen, in ein Sieb abschütten und direkt zu den Champignons geben. **4** Die Pfanne auswischen, die **Mandelblättchen** darin ohne Fett goldbraun rösten und ebenfalls untermischen. **5** Die Pasta mit **Balsamico-Essig, Salz** und **Pfeffer** abschmecken, die Petersilie unterrühren. Den **Pancetta** in feine Streifen schneiden und über der Pasta anrichten.

# KALBSROULADEN
## ORANGEN / CHICORÉE
## CASHEWKERNE

**Nur
1 große, ofenfeste
Pfanne** !

### FÜR 2 PORTIONEN

2 Orangen
1 Chicorée
4 dünne Scheiben Kalbfleisch
  aus der Oberschale (à 100 g)

10 Cashewkerne
Meersalz
schwarzer Pfeffer
2 EL Butter
200 ml Gemüsebrühe
100 ml Orangensaft

### ARBEITSZEIT **45 MINUTEN**

**1** Die **Orangen** filetieren, den **Chicorée** waschen, putzen und die einzelnen Blätter ablösen. **Cashewkerne** hacken. **Fleischscheiben** einzeln ausbreiten, bei Bedarf etwas klopfen und von einer Seite **salzen** und **pfeffern.** Orangenfilets, Cashewkerne und Chicoréeblätter gleichmäßig auf dem Fleisch verteilen. Die Rouladen zusammenrollen und mit Holzspießen fixieren. **2** Den Backofen auf 180 °C Umluft vorheizen. **3** Die Hälfte der **Butter** in einer großen, ofenfesten Pfanne erhitzen und die Rouladen darin von allen Seiten anbraten. Die Pfanne in den Backofen schieben und die Rouladen 12–15 Minuten garen. Herausnehmen, Rouladen aus der Pfanne nehmen und warm stellen. **4** Die Pfanne wieder auf den Herd stellen und den Bratensatz mit **Gemüsebrühe** und **Orangensaft** ablöschen. Die Flüssigkeit bis auf ein Drittel der ursprünglichen Menge einkochen lassen. Die restliche **Butter** einrühren und die Sauce zu den Rouladen servieren.

# Einfaches
## MIT GEFLÜGEL

# BRATKARTOFFELN
# BIOPUTE / STEINPILZCREME

**Nur
1 große Pfanne**

## FÜR 2 PORTIONEN

40 g getrocknete Steinpilze
300 g Bioputenbrust
1 Bund Lauchzwiebeln
3 EL Crème fraîche
1 EL gehackte Petersilie
    zum Garnieren

2 EL Rapsöl
Meersalz
schwarzer Pfeffer
5 festkochende Kartoffeln
    (etwa 400 g)
1 EL edelsüßes Paprikapulver

## ARBEITSZEIT **35 MINUTEN**
## EINWEICHZEIT **10 MINUTEN**

**1** **Steinpilze** etwa 10 Minuten in warmem Wasser einweichen. **Putenbrust** in Streifen schneiden, **Lauchzwiebeln** putzen, waschen und in Ringe schneiden. **2** Die Steinpilze abgießen, abtropfen lassen und in einer Pfanne mit wenig **Rapsöl** anschwitzen. Die Pilze herausnehmen, in einer Schüssel auskühlen lassen, klein hacken und mit der **Crème fraîche** verrühren. Mit etwas **Salz** und **Pfeffer** würzen. **3** Die **Kartoffeln** schälen und in dünne Scheiben schneiden. In der Pfanne das restliche **Rapsöl** erhitzen und die Kartoffeln darin bei mittlerer Temperatur braten. Dabei darauf achten, dass sie nicht zu dunkel werden. Nach etwa 8 Minuten Putenstreifen und Lauchzwiebeln zugeben. Das **Paprikapulver** unterrühren und alles unter ständigem Rühren braten, bis das Fleisch gar ist. Mit **Salz** und **Pfeffer** abschmecken, mit **Petersilie** bestreuen und mit der Steinpilzcreme servieren.

# Hähnchen / Hokkaido / Hummus / Honig

**1 BACKBLECH UND**

**1 STABMIXER**

## FÜR 2 PORTIONEN

300 g Hokkaidokürbis
(entkernt gewogen)
2 Hähnchenbrüste mit Haut
(à 150 g)
½ Bund glatte Petersilie
200 g gekochte Kichererbsen
(Glas)

Meersalz
Rapsöl
2 EL Honig
1 Knoblauchzehe
Saft von ½ Zitrone
1 Prise gemahlener Kreuzkümmel
Chilipulver nach Belieben

ARBEITSZEIT **10 MINUTEN**
KOCHZEIT **20 MINUTEN**

**1** Den Backofen auf 180 °C Umluft (Grill) vorheizen. Den **Kürbis** waschen und mit Schale in 2 cm dicke Scheiben schneiden. **Hähnchenbrüste** und Kürbis leicht **salzen** und auf ein **geöltes** Blech legen. Im Ofen etwa 18 Minuten garen. Danach den Kürbis mit **Honig** bepinseln. **2** **Knoblauchzehe** schälen und hacken, **Petersilie** waschen und hacken. Die **Kichererbsen** abtropfen lassen und mit etwas **Rapsöl, Zitronensaft,** Knoblauch, Petersilie, **Salz** und **Kreuzkümmel** zu Hummus mixen. In schönen Nocken mit Hähnchen und Kürbis anrichten. **3** Wer mag, würzt mit etwas **Chilipulver** nach.

# ENTE PEKING-STYLE HONIG-TERIYAKI REISPLÄTZCHEN

Nur

*1 Pfanne*

## FÜR 2 PORTIONEN

2 kleine Entenbrustfilets
   (frisch oder TK)
1 Bund Lauchzwiebeln
4 Vollkorn-Reiswaffeln

Meersalz
2 EL Honig
1 TL Ingwerpulver
4 EL Teriyakisauce

## ARBEITSZEIT **30 MINUTEN**

**1** **Entenbrustfilets** auf der Hautseite einritzen und **salzen. Lauchzwiebeln** waschen, putzen und in Ringe schneiden. **2** Die Entenbrustfilets in einer Pfanne ohne Fett auf der Hautseite anbraten, dabei anfangs bei starker Hitze braten, dann die Temperatur reduzieren. Insgesamt etwa 10 Minuten auf der Hautseite braten, dabei das austretende Fett ab und zu abgießen. Die Entenbrüste wenden und weitere 2 Minuten braten. Das Fleisch aus der Pfanne nehmen und auf einem Teller ruhen lassen. **3** In der Pfanne im restlichen Entenfett die Lauchzwiebeln anschwitzen. Dann **Honig, Ingwerpulver** und **Teriyakisauce** unterrühren und die Sauce vom Herd nehmen. **4** **Reiswaffeln** kurz im Toaster erwärmen. Gebratene Entenbrüste und Sauce mit den Lauchzwiebeln darauf anrichten.

# Brokkoli / Bergkäse / Hähnchenschinken

**1 MITTELGROSSER TOPF**

**UND 1 AUFLAUFFORM**

## FÜR 2 PORTIONEN

1 Brokkoli (etwa 400 g)
2 EL Schmand
6 Scheiben Hähnchenbrust-
  Schinken (100 g), dünn
  geschnitten
4 Scheiben Bergkäse (80 g)

Meersalz
2 EL Olivenöl
2 EL Mehl
300 ml Gemüsebrühe
1 EL weißer Balsamico-Essig
schwarzer Pfeffer
Muskatnuss

## ARBEITSZEIT **15 MINUTEN**
## KOCHZEIT **30 MINUTEN**

**1** **Brokkoli** waschen, in größere Röschen teilen und in **Salzwasser** bissfest kochen. Brokkoli abgießen. **2** Im gleichen Topf das **Olivenöl** mit dem **Mehl** kräftig anschwitzen und unter ständigem Rühren mit **Gemüsebrühe** und **Schmand** ablöschen. Die Sauce aufkochen und mit **Essig, Salz, Pfeffer** und **Muskat** abschmecken. **3** Den Backofen auf 190 °C Umluft (Grill) vorheizen. **4** Den Brokkoli in einer kleinen Auflaufform verteilen und mit der Sauce übergießen. **Schinken** und **Käse** in Streifen schneiden und auf dem Brokkoli verteilen. Im Ofen 18 Minuten garen.

# GEFÜLLTES HÄHNCHEN
## TANDOORI INSIDE OUT

NUR 1 BACKBLECH

## FÜR 2 PORTIONEN

1 Biohähnchen aus
  Freilandhaltung (etwa 800 g)
3 Laugenbrötchen
½ Bund glatte Petersilie
2 EL Tandooripaste

150 ml Gemüsebrühe
1 dicke Zwiebel
2 Eier
Meersalz
schwarzer Pfeffer

## ARBEITSZEIT **20 MINUTEN**
## BACKZEIT **75 MINUTEN**

**1** Das **Hähnchen** innen und außen abspülen und mit Küchenpapier trocken tupfen. Die **Brötchen** in 2–3 cm große Würfel schneiden, in eine Schüssel geben und mit der **Gemüsebrühe** übergießen. Die **Petersilie** waschen und hacken, die **Zwiebel** schälen und hacken. **2** **Eier, Tandooripaste,** Petersilie und Zwiebeln unter die Brötchenmasse mischen und gut durchkneten. Mit **Salz** und **Pfeffer** abschmecken.
**3** Den Backofen auf 180 °C Ober-/Unterhitze vorheizen. **4** Das Hähnchen innen mit **Salz** und **Pfeffer** würzen. Die Brotmasse in das Hähnchen stopfen und die offene Stelle mit Holzspießen verschließen. Das Hähnchen auf das Backofengitter legen, das Backblech unterschieben. Das Hähnchen etwa 1 ¼ Stunden im Ofen braten. Herausnehmen, mit einer Geflügelschere halbieren und servieren.

# BLUMENKOHL / HÄHNCHEN
# CASHEWKERNE
# KOKOSMILCH

Nur

*1 Topf*

groß

## FÜR 2 PORTIONEN

½ Blumenkohl
200 g Hähnchenbrustfilet
½ Bund glatte Petersilie
   oder Koriandergrün

2 EL Rapsöl
3 EL Cashewkerne
1 EL brauner Zucker
200 ml Kokosmilch
2 EL Kokosessig
2 EL Sojasauce oder
   Teriyakisauce

ARBEITSZEIT **20 MINUTEN**
KOCHZEIT **15 MINUTEN**

**1** Den **Blumenkohl** waschen, putzen und ohne den Strunk in Stückchen schneiden. Blumenkohl in einem großen Topf in heißem **Rapsöl** anschwitzen.

**2** Das **Hähnchenfleisch** würfeln. Nach 2 Minuten zum Blumenkohl geben. Nach weiteren 2 Minuten die **Cashewkerne** und den **Zucker** mit anschwitzen. **Kokosmilch** zugeben, den Deckel auflegen und alles bei geringer Temperatur etwa 10 Minuten köcheln lassen. **3** **Petersilie** waschen und hacken. Den Eintopf mit **Kokosessig, Sojasauce** und Petersilie würzen und abschmecken. In tiefen Tellern servieren.

# PUY-LINSEN / PUTENSTREIFEN / ESTRAGON

**1 GROSSER TOPF UND**

**1 BRATPFANNE**

## FÜR 2 PORTIONEN

6 EL Puy-Linsen
300 g Bioputenfleisch
1 Bund Estragon
2 EL grüner Estragonsenf

4 EL Olivenöl
1 EL Mehl
200 ml Gemüsebrühe
2 EL weißer Balsamico-Essig
Meersalz
schwarzer Pfeffer

ARBEITSZEIT **10 MINUTEN**
KOCHZEIT **20 MINUTEN**

**1** Die **Linsen** in kochendem Wasser ohne Salz gar kochen. Abschütten und dabei 100 ml Kochwasser auffangen. **2** **Putenfleisch** in Streifen schneiden und in 2 EL **Olivenöl** in der Pfanne braten. Warm halten. **Estragon** waschen und hacken. **3** Im Topf, in dem die Linsen gegart wurden, restliches **Olivenöl** erhitzen und das **Mehl** einrühren. Unter ständigem Rühren mit **Gemüsebrühe** und Linsenkochwasser ablöschen. Linsen, **Estragonsenf** und Estragon – ein wenig davon zum Garnieren beiseitelegen – dazugeben und mit **Balsamico-Essig, Salz** und **Pfeffer** abschmecken. Die Linsen lauwarm mit den Putenstreifen und dem restlichen Estragon servieren.

# Einfaches

## MIT GEMÜSE

# MAULTASCHEN

## FELDSALAT / MEERRETTICH

1 MITTELGROSSER TOPF
UND 1 PFANNE

---

### FÜR 2 PORTIONEN

4 große Maultaschen (Kühlregal
   oder Grundrezept auf Seite 160)
200 g Feldsalat
2 TL geriebener Meerrettich
   (Glas)

Meersalz
2 EL Butter
Saft und abgeriebene Schale
   von 1 Biozitrone
2 EL Paniermehl
schwarzer Pfeffer
Muskatnuss
1 EL Rapsöl

### ARBEITSZEIT **15 MINUTEN**
### KOCHZEIT **10 MINUTEN**

**1** Die **Maultaschen** in heißem **Salzwasser** nach Packungsanweisung ziehen lassen. Den **Feldsalat** waschen und putzen. **2** In einer Pfanne die **Butter** schmelzen, fast bräunen. **Meerrettich, Zitronenschale** und **Paniermehl** dazugeben. Maultaschen mit einer Schaumkelle aus dem Wasser nehmen, in die Pfanne geben und schwenken. Mit **Salz, Pfeffer** und **Muskat** würzen und anrichten. **3** Salat mit **Öl** und **Zitronen-saft** marinieren und neben den Maultaschen anrichten.

# BROT / TOMATEN / ZIEGENFRISCHKÄSE

## FÜR 2 PORTIONEN

4 Tomaten
4 Scheiben Graubrot
200 g Ziegenfrischkäserolle

100 ml Gemüsebrühe
Meersalz
schwarzer Pfeffer
1 EL getrockneter Majoran
1 EL Olivenöl
2 EL dunkler Balsamico-Essig
   (am besten dickflüssiger)

## ARBEITSZEIT **20 MINUTEN**
## BACKZEIT **15 MINUTEN**

**1** Den Backofen auf 190 °C Umluft (Grill) vorheizen.

**2** Die **Tomaten** waschen, vom Stielansatz befreien und in dünne Scheiben schneiden. Die Hälfte der Tomatenscheiben in eine Auflaufform oder Pfanne legen. Mit den **Graubrotscheiben** abdecken und die zweite Hälfte der Tomaten einschichten. **3** Den **Ziegenfrischkäse** in Stücke schneiden und in einem Topf mit der **Gemüsebrühe** erhitzen und schmelzen. Mit **Salz, Pfeffer** und **Majoran** abschmecken und über die Tomaten gießen. **4** Den Auflauf im Ofen etwa 15 Minuten backen. Vor dem Servieren etwas **Olivenöl** und **Balsamico-Essig** über den Auflauf geben.

# GEBACKENER FETA
# LAUCHZWIEBELN
# QUINOA-TOMATEN-MARMELADE

**Nur
1 mittelgroßer
Topf**

## FÜR 2 PORTIONEN

1 Bund Lauchzwiebeln
400 g Fetakäse am Stück
5 Tomaten
3 EL Quinoa
1 Bund Basilikum

1 TL edelsüßes Paprikapulver
3 EL Zucker
2 EL weißer Balsamico-Essig
Meersalz
schwarzer Pfeffer

## ARBEITSZEIT **15 MINUTEN**
## KOCHZEIT **20 MINUTEN**

**1** Den Backofen auf 180 °C Ober-/Unterhitze vorheizen. **2** Die **Lauchzwiebeln** waschen, putzen und in feine Streifen schneiden. Den **Fetakäse** mit dem **Paprikapulver** bestreuen und mit den Lauchzwiebelstreifen dicht in Alufolie einpacken. Das Päckchen auf das Gitter im Backofen legen und den Feta etwa 20 Minuten backen. **3** Die **Tomaten** waschen, vierteln und entkernen. **Quinoa** in ein feines Sieb geben und unter fließendem Wasser waschen. Tomaten, Quinoa, **Zucker** und **Balsamico-Essig** in einen Topf geben, den Deckel auflegen und alles 20 Minuten kochen lassen. **Basilikum** waschen und grob zupfen. Die Quinoa-Tomaten-Marmelade mit **Salz** und **Pfeffer** abschmecken. Den gebackenen Feta halbieren, mit Basilikum bestreuen und mit der Marmelade servieren.

**Tipp:** Wenn Sie den Fetakäse abgepackt in 200-Gramm-Scheiben kaufen, legen Sie die beiden Scheiben aufeinander und packen sie wie oben beschrieben gemeinsam in Folie ein.

# Schupfnudeln / Shiitake / Maronen / Frischkäse

Nur

*1 Pfanne*

## FÜR 2 PORTIONEN

200 g Shiitake-Pilze
300 g Schupfnudeln (Kühlregal
  oder Grundrezept auf Seite 160)
200 g vorgegarte Maronen
  (vakuumiert)

2 EL Rapsöl
100 g Frischkäse
2 EL Ahornsirup
Muskatnuss
Meersalz
schwarzer Pfeffer

ARBEITSZEIT **20 MINUTEN**
KOCHZEIT **10 MINUTEN**

**1** Von den **Pilzen** die Stiele entfernen, die Pilzkappen säubern und in einer Pfanne mit dem **Rapsöl** anbraten. Nach 2 Minuten die **Schupfnudeln** dazugeben und mitbraten, bis sie leicht Farbe annehmen. Nach weiteren 5 Minuten die **Maronen** dazugeben und langsam warm ziehen lassen. **2** Den **Frischkäse** mit **Ahornsirup, Muskat, Salz** und **Pfeffer** verrühren und zur Schupfnudelpfanne servieren.

# FOCACCIA
# GESCHMOLZENE KIRSCHTOMATEN
# MOZZARELLA

**1 Backblech
und 1 kleine Pfanne**

FÜR 2 PORTIONEN

ARBEITSZEIT **20 MINUTEN**
BACKZEIT **15 MINUTEN**

**1** Die **Hefe** in 70 ml handwarmes Wasser einrühren und mit **Mehl** und **Salz** zu einem glatten Teig kneten. In einer Schüssel mit Klarsichtfolie abgedeckt gehen lassen, bis sich das Volumen deutlich vergrößert hat. Den Teig herausnehmen und auf Backpapier nicht zu dünn ausrollen. Den Teig nochmals abgedeckt gehen lassen. **2** Den Backofen auf 180 °C Ober-/Unterhitze vorheizen. **3** Mit einem Kochlöffelstiel oder dem Daumen über die ganze Oberfläche verteilt tiefe Dellen in den Teig pressen und den Teig mit 3 EL **Olivenöl** beträufeln oder bepinseln. Das Öl wird sich in den Dellen sammeln, das ist erwünscht. Die Focaccia im Backofen etwa 12–15 Minuten backen, dabei nach etwa 4 Minuten Backzeit mit etwas Wasser besprühen. Die Focaccia nach dem Backen 10 Minuten mit einem Küchentuch abgedeckt ruhen lassen. **4** In der Zwischenzeit die **Zwiebel** schälen und in Scheiben schneiden. Die **Kirschtomaten** waschen und halbieren, die **Basilikumblätter** waschen und in Stücke zupfen, den **Mozzarella** in Scheiben schneiden, die **Knoblauchzehe** schälen und fein hacken. 1 EL **Olivenöl** in einer kleinen Pfanne erhitzen und Zwiebeln, Knoblauch und Tomaten darin anschwitzen. **Majoran, Tomatenmark, Salz** und **Pfeffer** unterrühren. Die Focaccia in Stücke schneiden und mit geschmolzenen Tomaten, Mozzarellascheiben und Basilikum belegt lauwarm servieren.

100 g Kirschtomaten
8 Blätter Basilikum
1 Büffelmozzarella

1 gestr. TL Trockenhefe
110 g Mehl
Meersalz
4 EL Olivenöl
½ Zwiebel
1 Knoblauchzehe
1 TL getrockneter Majoran
1 EL Tomatenmark
schwarzer Pfeffer

**Tipp:** Sommerdinkel ist ein anderer Name für Emmer – ein sogenanntes Urgetreide, aus dem Pasta mit nussigem Geschmack hergestellt wird.

# SOMMERDINKEL-PENNE
# GORGONZOLA / CASHEWKERNE
# BIRNEN

Nur

*1 Topf*

groß

## FÜR 2 PORTIONEN

300 g Sommerdinkel-Penne
(oder normale Penne aus
Hartweizen)
2 feste Birnen
2 Bund Rucola
100 g Gorgonzola
100 ml Birnensaft

Meersalz
50 g Cashewkerne
30 g Butter
weißer Pfeffer
Muskatnuss

ARBEITSZEIT **10 MINUTEN**
KOCHZEIT **8 MINUTEN**

**1** Die **Nudeln** mit reichlich **Salz** in Wasser kochen. Währenddessen die **Birnen** schälen, in Spalten schneiden und das Kerngehäuse entfernen. **Rucola** verlesen und waschen, **Gorgonzola** in Würfel schneiden. Die Nudeln abgießen. **2** Im gleichen Topf erst die **Cashewkerne,** dann die Birnen anrösten. **Birnensaft** und **Butter** in kleinen Flöckchen zu den Nudeln geben, alles in den Topf füllen und gut durchschwenken. Mit **Pfeffer** und **Muskat** abschmecken. **3** Zum Schluss Rucola und Gorgonzola darauf anrichten und im Topf auf dem Tisch servieren.

# GEKOCHTE EIER
## SENFSAUCE
## BLUMENKOHL

Nur

1 Topf

## FÜR 2 PORTIONEN

¼ Blumenkohl
½ Bund glatte Petersilie

4 Eier
1 EL Mehl
2 EL Olivenöl
300 ml Gemüsebrühe
80 g Sahne oder Crème fraîche
Meersalz
schwarzer Pfeffer
Saft von ½ Zitrone
2 EL mittelscharfer Senf

ARBEITSZEIT **15 MINUTEN**
KOCHZEIT **30 MINUTEN**

**1** Den **Blumenkohl** waschen, putzen, in Wasser weich kochen und grob schneiden. Die **Eier** hart kochen, abschrecken und pellen. **Petersilie** waschen und hacken. **2** Das **Mehl** in **Olivenöl** anschwitzen und mit kalter **Gemüsebrühe** und **Sahne** ablöschen. Mit **Salz, Pfeffer, Zitronensaft** und **Senf** abschmecken. Die Eier mit dem Blumenkohl in der Senfsauce warm halten. Vor dem Servieren die Petersilie untermischen.

# SPIEGELEI / SCHMORTOMATEN / KIRSCHTOMATEN

Nur
*1 Pfanne*

## FÜR 2 PORTIONEN

3 Tomaten
10 Kirschtomaten
1 Bund Schnittlauch
1 TL abgeriebene Schale
   von 1 Bioorange

2 EL Olivenöl
4 Eier
Meersalz
Chilipulver

## ARBEITSZEIT **15 MINUTEN**

**1** Die **Tomaten** mit kochendem Wasser überbrühen, häuten, vierteln und die Kerne entfernen. Die **Kirschtomaten** waschen und halbieren. Den **Schnittlauch** waschen und fein schneiden. **2** Tomatenviertel in einer Pfanne in heißem **Olivenöl** anschwitzen. Etwas **Orangenabrieb** darübergeben. **3** Nach 3 Minuten die **Eier** aufschlagen und in die Pfanne gleiten lassen. **4** Die halbierten Tomaten zum Schluss dazugeben, damit sie warm werden. Alles mit **Salz, Chilipulver** und Schnittlauch würzen. Am besten schmeckt dazu warmes Krustenbrot.

# Ofenkürbis / eingelegter Ingwer / Blätterteighippen

**Nur
1 Backblech**

## FÜR 2 PORTIONEN

¼ Hokkaidokürbis (400 g)
1 Scheibe Blätterteig (TK)
50 g eingelegte Ingwerscheiben

2 EL Rapsöl
grobes Meersalz
1 Eigelb
2 EL Sesamsamen
3 EL Sojasauce
2 EL Zucker
2 EL dunkler Balsamico-Essig

### ARBEITSZEIT **15 MINUTEN**
### BACKZEIT **25 MINUTEN**

**1** Den Backofen auf 180 °C Ober-/Unterhitze vorheizen. **2** Den **Kürbis** waschen und das Innere mit den Kernen entfernen. Den Kürbis mit Schale in 2 cm dicke Spalten schneiden und mit **Öl** und **Salz** auf einem Backblech verteilen. Den Kürbis im Backofen etwa 25 Minuten garen. **3** Den **Blätterteig** in 2 cm breite Streifen schneiden, mit verquirltem **Eigelb** bestreichen und mit den **Sesamsamen** bestreuen. Wenn der Kürbis halb gar ist, die Blätterteigstreifen zum Kürbis auf das Backblech legen und 11 Minuten mitbacken. **4** Die **Sojasauce** erwärmen und mit **Zucker** und **Balsamico-Essig** verrühren. Den **Ingwer** in Streifen schneiden. Den Kürbis auf Tellern anrichten, mit der Sojasauce übergießen und mit dem Ingwer belegen. Die Teighippen dazu servieren.

# KRUSTENBROT
# ARTISCHOCKEN / EDAMER
# RICOTTA

Nur

*1 Pfanne*

groß, ofenfest

## FÜR 2 PORTIONEN

2 dicke Scheiben Krustenbrot
250 g Ricotta
6 kleine eingelegte Artischocken
10 dunkle Oliven ohne Stein
50 g Edamer
1 EL gehackte Petersilie
    zum Garnieren

2 EL Olivenöl
1 Knoblauchzehe
2 EL dunkler Balsamico-Essig
Meersalz
schwarzer Pfeffer
edelsüßes Paprikapulver

## ARBEITSZEIT **12 MINUTEN**

**1** Den Backofen auf 180 °C Umluft (Grill) vorheizen.

**2** Das **Brot** mit **Olivenöl** in der Pfanne anrösten. Dabei die Pfanne immer wieder mit der angedrückten **Knoblauchzehe** ausreiben. Den **Balsamico-Essig** zugeben und das Brot so würzen. **3** Den **Ricotta** mit **Salz, Pfeffer** und **Paprikapulver** anrühren. Die **Artischocken** vierteln, die **Oliven** klein schneiden, den **Edamer** reiben. **4** Die Brotscheiben in der Pfanne mit Ricotta, Artischocken, Oliven und Edamer belegen und ganz kurz im Backofen überbacken. Mit **Petersilie** bestreut warm servieren.

# Pochierte Eier / Blattspinat / Toast / Senfhollandaise

**1 MITTELGROSSER TOPF UND 1 MIXER**

FÜR 2 PORTIONEN

200 g Blattspinat (frisch oder TK)

4 Bioeier
weißer Balsamico-Essig
1 Knoblauchzehe
110 g Butter
Meersalz
schwarzer Pfeffer
2 Scheiben Toastbrot
40 ml Gemüsebrühe
2 EL mittelscharfer oder
  körniger Senf
1 TL Chilipulver
1 Eigelb

ARBEITSZEIT **18 MINUTEN**
KOCHZEIT **10 MINUTEN**

**1** Vier **Eier** in **Essigwasser** klassisch pochieren (siehe Tipp). Frischen **Spinat** waschen und abtropfen lassen, **TK-Spinat** auftauen. Die **Knoblauchzehe** schälen und hacken. **2** 2 EL **Butter** zerlassen, Spinat und Knoblauch darin anschwitzen. Mit **Salz** und **Pfeffer** abschmecken. Die **Toastscheiben** toasten. **3** Die restliche **Butter** zerlassen, die **Gemüsebrühe** erwärmen und beides mit **Senf, Chilipulver,** dem **Eigelb** und etwas **Salz** in einem Smoothie-Blender aufmixen. **4** Den Toast mit dem Spinat belegen, dann jeweils zwei Eier daraufsetzen und mit der Senfhollandaise übergießen.

**Tipp:** Zum Pochieren einen Topf mit Wasser aufkochen und 1 EL Essig zufügen. Die
Temperatur reduzieren, sodass das Wasser nur noch siedet. Jedes Ei einzeln in eine
Schöpfkelle aufschlagen und von dieser vorsichtig ins siedende Wasser gleiten lassen.
Darin etwa 5 Minuten garen und dann mit einer Schaumkelle herausnehmen.

# WOKGEMÜSE / RAMEN / SAFRAN

**Nur
1 Wok oder
1 große Pfanne**

## FÜR 2 PORTIONEN

1 Aubergine (150 g)
1 Zucchini (150 g)
1 Prise Safran
   (Pulver oder Fäden)
300 g vorgekochte, getrocknete
   Ramen- oder Udon-Nudeln

Saft von 1 Zitrone
3 EL Rapsöl
500 ml Gemüsebrühe
2 EL Ahornsirup
Meersalz
schwarzer Pfeffer

## ARBEITSZEIT **20 MINUTEN**
## KOCHZEIT **15 MINUTEN**

**1** Die **Aubergine** waschen und putzen, schälen, in Würfel schneiden und mit dem **Zitronensaft** marinieren. **Zucchini** waschen und putzen, ebenfalls würfeln und beides in dem **Rapsöl** im Wok oder in einer großen Pfanne anschwitzen. **2** Nach 3 Minuten **Safran, Nudeln** und **Gemüsebrühe** dazugeben und so lange köcheln lassen, bis die Nudeln weich sind. Mit dem **Ahornsirup, Salz** und **Pfeffer** abschmecken. In tiefen Tellern heiß servieren.

**Tipp:** Ramen- und Udon-Nudeln kommen aus der japanischen Küche; man kennt sie aus Nudelgerichten. Frisch sehen sie wie Spaghetti aus. Sie sind schon vorgekocht und brauchen deshalb nur wenige Minuten, bis sie gar sind.

# ZIEGENKÄSE
## QUINOA / PAMPELMUSE

1 BACKBLECH,
1 KLEINER TOPF

## FÜR 2 PORTIONEN

200 g Ziegenkäserolle
80 g rote Quinoa
Saft und abgeriebene Schale von
  1 Limette
1 dicke Pampelmuse oder Pomelo

2 EL Rapsöl
100 ml Gemüsebrühe
Meersalz
schwarzer Pfeffer
1 EL brauner Zucker

## ARBEITSZEIT **20 MINUTEN**
## BACKZEIT **12 MINUTEN**

**1** Den Backofen auf 90 °C Umluft vorheizen.

**2** Den **Ziegenkäse** in zwei Scheiben schneiden und auf einem mit Backpapier ausgelegten Backblech im Backofen erwärmen. Immer wieder kurz die Ofentür öffnen, damit die Feuchtigkeit entweichen kann.

**3** Die **Quinoa** in ein Sieb geben, unter fließendem Wasser abspülen und in kochendem Wasser nach Packungsanweisung garen. In einem Sieb abtropfen lassen und noch warm mit einer Marinade aus **Öl, Limettenschale** und **-saft, Gemüsebrühe, Salz, Pfeffer** und **Zucker** mischen.  **4** Die **Pampelmuse** oder **Pomelo** filetieren und die Filets unter die Quinoa ziehen. Den warmen Käse darauf anrichten.

# Paprika /
# Brokkoli / Eier

FÜR 2 PORTIONEN

1 rote Paprikaschote
1 gelbe Paprikaschote
1 Brokkoli (etwa 400 g)

1 rote Zwiebel
2 EL Olivenöl
120 g Frischkäse
4 Eier
1 TL Cayennepfeffer
Meersalz

ARBEITSZEIT **15 MINUTEN**
BACKZEIT **20 MINUTEN**

**1** Die **Paprikaschoten** waschen, putzen und in 2 cm große Würfel schneiden. **Brokkoli** waschen, putzen und in Röschen teilen, die **Zwiebel** schälen und grob würfeln. **2** In einer Pfanne das **Olivenöl** erhitzen und Paprika, Zwiebeln und Brokkoli darin etwa 10 Minuten braten. **3** Den Backofen auf 180 °C Ober-/Unterhitze vorheizen. **4** **Frischkäse** und **Eier** mit dem Stabmixer verrühren, mit **Cayennepfeffer** und **Salz** würzen. Die Mischung über das Gemüse in der Pfanne gießen, den Deckel auflegen und die Frittata im Backofen etwa 20 Minuten garen. Herausnehmen und zum Anrichten vierteln.

# Ziegenfrischkäse / Feigenrelish / gutes Brot

Nur

klein

## FÜR 2 PORTIONEN

80 g getrocknete Feigen
¼ Bund Thymian
2 EL schwarze Olivenpaste
2 Scheiben Graubrot
200 g Ziegenfrischkäse

2 EL Paniermehl
2 EL Rapsöl
2 EL Honig
1 Prise Meersalz

## ARBEITSZEIT **15 MINUTEN**

**1** Die **Feigen** hacken, den **Thymian** waschen, trocken tupfen und die Blättchen abstreifen. Das **Paniermehl** in **Rapsöl** anrösten und mit **Olivenpaste,** Feigen, **Honig** und Thymian zu einer Paste vermischen. Das **Graubrot** rösten. **2** Den **Ziegenfrischkäse** großzügig auf dem warmen Brot verteilen und die Paste darauf verteilen. Mit **Meersalz** würzen.

**Tipp:** Die Kartoffelmasse für Klöße „halb und halb" selbst herzustellen ist so aufwendig, dass ich hier gern auf die käufliche Kloßmasse in guter Qualität zurückgreife.

# GEFÜLLTE KLÖSSE
# CHAMPIGNONS
# ZWIEBELSCHAUM

**Nur
1 mittelgroßer
Topf**

## FÜR 2 PORTIONEN

6 getrocknete Pflaumen
½ Beutel frische Kloßmasse
   „halb und halb" (300–350 g)
5 große weiße Champignons

3 EL Butter
3 EL Paniermehl
Meersalz
1 dicke Zwiebel
schwarzer Pfeffer
200 g Sahne

ARBEITSZEIT **30 MINUTEN**
KOCHZEIT **10 MINUTEN**

**1** Die **Pflaumen** klein schneiden und die **Butter** zerlassen. In einer Schüssel die Pflaumen mit der Hälfte der Butter und dem **Paniermehl** vermischen.

**2** Aus der **Kloßmasse** vier Klöße formen: Jeweils eine Portion in die Hand nehmen und etwas flach drücken, ein wenig von der Pflaumenmasse in die Mitte geben, die Masse darüber schließen und einen Kloß formen. Die Klöße in heißem **Salzwasser** gar ziehen lassen. **3** Die **Champignons** säubern und vierteln, die **Zwiebel** schälen und würfeln. Die Klöße aus dem Wasser nehmen und im Ofen warm halten.

**4** Das Kloßwasser wegschütten und im gleichen Topf Pilze und Zwiebeln in Butter scharf anbraten, bis alles schön braun ist. Kurz vor dem Anrichten **salzen** und **pfeffern,** die **Sahne** schlagen und zugeben. Klöße mit Pilzen anrichten, dabei zügig arbeiten und darauf achten, dass die Sauce noch schaumig ist.

# Einfaches
## MIT FISCH UND MEERESFRÜCHTEN

# GARNELEN
## BLUMENKOHL
### KORIANDER / CRUNCH

Nur

*1 Pfanne*

groß

## FÜR 2 PORTIONEN

¼ Blumenkohl
1 Bund Koriandergrün
8 mittelgroße, geputzte Garnelen

½ Biozitrone
4 EL Rapsöl
3 EL Kokosmilch
Meersalz
Chilipulver
3 EL Paniermehl
3 EL Haferflocken

## ARBEITSZEIT **10 MINUTEN**
## KOCHZEIT **12 MINUTEN**

**1** Den **Blumenkohl** waschen, putzen und in feine Scheiben schneiden. Die **Zitrone** waschen und in Scheiben schneiden. Den **Koriander** waschen und hacken. **2** Blumenkohlscheiben in 2 EL **Rapsöl** in einer großen Pfanne anbraten. Nach 2 Minuten **Garnelen** und Zitronenscheiben dazugeben und alles braten, bis es gar ist. **Kokosmilch,** Koriander – ein wenig davon zum Garnieren beiseitelegen –, **Salz** und **Chilipulver** dazugeben und verrühren. In einen tiefen Teller geben und warm halten. **3** Die Pfanne auswischen und darin in dem restlichen **Rapsöl** das **Paniermehl** und die **Haferflocken** schön kross anbraten. Als Topping über die Garnelen geben und mit Koriander bestreuen.

# ZANDER LINSEN-VINAIGRETTE CHINAKOHL

1 MITTELGROSSER TOPF
UND 1 GROSSE PFANNE

## FÜR 2 PORTIONEN

5 EL rote Linsen
¼ Chinakohl (etwa 250 g)
250 g Zanderfilet mit Haut

100 ml Gemüsebrühe
3 EL weißer Balsamico-Essig
4 EL Rapsöl
1 EL mittelscharfer Senf
Meersalz
schwarzer Pfeffer

ARBEITSZEIT **30 MINUTEN**
KOCHZEIT **15 MINUTEN**

**1** **Linsen** mit ausreichend Wasser ohne Salz etwa 15 Minuten kochen. Abgießen und in einer Schüssel mit **Gemüsebrühe, Balsamico-Essig,** 2 EL **Rapsöl, Senf, Salz** und **Pfeffer** lauwarm marinieren. Den **Chinakohl** waschen, putzen, in feine Streifen schneiden. Unter die Linsen mischen. **2** Das restliche **Öl** in der Pfanne erhitzen und den **Zander** darin auf der Haut kross braten. Mit dem Linsensalat servieren.

# PFANNKUCHEN / FORELLE WACHOLDERSCHMAND

**1 kleiner Topf und 1 beschichtete, ofenfeste Pfanne !**

## FÜR 2 PORTIONEN

150 g Schmand
1 Bund frischer Dill
2 geräucherte Forellenfilets

6 Wacholderbeeren
Meersalz
schwarzer Pfeffer
3 Eier
5 EL Mehl
100 ml Milch
Zucker

ARBEITSZEIT **10 MINUTEN**
KOCHZEIT **10 MINUTEN**

**1** **Wacholderbeeren** andrücken und in einem kleinen Topf in 60 ml Wasser etwa 5 Minuten kochen, damit sie ihren Geschmack abgeben. Das Wacholderwasser abkühlen lassen, die Beeren entfernen und den **Schmand** einrühren. Den **Dill** waschen, hacken und mit **Salz** und **Pfeffer** in den Wacholderschmand rühren. Dabei ein wenig Dill zum Garnieren beiseitelegen. **2** Den Backofen auf 190 °C Grillstufe vorheizen. **3** Für den Pfannkuchen die **Eier** mit dem **Mehl** verquirlen, dann die **Milch** unterrühren. Mit etwas **Salz** und einer Prise **Zucker** würzen. Die Masse in die heiße Pfanne geben und 5 Minuten auf dem Herd garen. Dann im Ofen 5 Minuten garen, bis der Pfannkuchen Farbe bekommt und schön aufgeht. Den Pfannkuchen herausnehmen, stürzen und in zwei Teile schneiden. Mit Schmand, **Forellenfilets** und Dill anrichten.

# Rotbarsch / Radieschen / Kartoffelcreme

**1 MITTELGROSSER TOPF**

**UND 1 KLEINE PFANNE**

## FÜR 2 PORTIONEN

100 g Crème fraîche
10 Radieschen
2 Rotbarschfilets (à 150 g)

2 dicke Kartoffeln
Meersalz
schwarzer Pfeffer
Zucker
1 TL gemahlener Kümmel
2 EL Speisestärke
1 TL Currypulver
2 EL Rapsöl

ARBEITSZEIT **12 MINUTEN**
KOCHZEIT **25 MINUTEN**

**1** Die **Kartoffeln** schälen, vierteln und in **Salzwasser** weich kochen. Abgießen, mit der **Crème fraîche** stampfen und mit **Salz, Pfeffer, Zucker** und **Kümmel** abschmecken. **Radieschen** putzen, waschen und sehr dünn hobeln. **2** Die **Speisestärke** mit dem **Currypulver** mischen und die **Fischfilets** mit einer Seite in die Mischung drücken. In einer Pfanne das **Öl** erhitzen und die Fischfilets darin nur von der Curryseite etwa 2 Minuten braten. Die Kartoffelcreme auf zwei Tellern anrichten, mit den Radieschenscheiben bestreuen und die Fischfilets daneben platzieren.

# MIESMUSCHELN / CURRY / KOKOSMILCH

Nur
1 Topf

mittelgroß

## FÜR 2 PORTIONEN

½ Aubergine (etwa 300 g)
1 Bund Basilikum
400 g Miesmuscheln

1 Zwiebel
2 EL Rapsöl
200 ml Kokosmilch
20 ml Kokosessig
2 EL Currypulver
Meersalz
weißer Pfeffer

**ARBEITSZEIT 10 MINUTEN**
**KOCHZEIT 10 MINUTEN**

**1** Die **Aubergine** waschen, schälen und klein schneiden. Die **Zwiebel** schälen und fein hacken. Das **Basilikum** waschen und in Streifen schneiden. Die **Muscheln** gut abspülen und darauf achten, dass sie noch alle geschlossen sind. Geöffnete Muscheln wegwerfen. **2** Die Muscheln in einem heißen Topf anschwitzen. **Rapsöl,** Auberginen- und Zwiebelwürfel zugeben. Abgedeckt 5–8 Minuten schmoren lassen. Dann **Kokosmilch, Essig** und **Currypulver** zufügen und alles ziehen lassen, bis es erhitzt ist. Zum Schluss Basilikum, **Salz** und **Pfeffer** zugeben.

# THUNFISCHSTEAK
# ZUCKERSCHOTEN
# GRAUBROT

Nur
## 1 Pfanne

groß

## FÜR 2 PORTIONEN

250 g Thunfischsteak
100 g Zuckerschoten
2 Scheiben Graubrot oder
    anderes Brot
100 g Frischkäse mit Paprika
    oder Schnittlauch

2 EL Rapsöl
Meersalz
Chilipulver

## ARBEITSZEIT **20 MINUTEN**

**1** Das **Rapsöl** in einer großen Pfanne erhitzen, den **Thunfisch** halbieren und im heißen Öl von jeder Seite 2 Minuten kross anbraten. Den Fisch aus der Pfanne nehmen und auf einem Teller ruhen lassen. **2** Die **Zuckerschoten** waschen und fein schneiden. In der Pfanne 2 Minuten anschwitzen und mit **Salz** würzen.

**3** Das **Graubrot** in grobe Würfel schneiden, zu den Zuckerschoten in die Pfanne geben und noch 1 Minute warm ziehen lassen. Den Fisch mit **Salz** und **Chilipulver** würzen und in Tranchen aufschneiden. Dann auf den Zuckerschoten und dem Brot anrichten, einzelne **Frischkäsetupfer** danebensetzen.

# BANANEN CURRY / LACHS SALAMICHIPS

**1 Backblech, 1 mittelgroßer Topf**

FÜR 2 PORTIONEN

ARBEITSZEIT **25 MINUTEN**
TROCKENZEIT **60 MINUTEN**

**1** Die **Salamischeiben** auf dem Backofengitter ausbreiten und das Backblech unterschieben. Den Backofen auf 90 °C Ober-/Unterhitze schalten und die Salamischeiben darin etwa 60 Minuten trocknen lassen. Salami herausnehmen und auf einem Teller abkühlen lassen, den Backofen nicht ausschalten. Den **Lachs** in sechs kleine Rechtecke schneiden, **salzen** und mit der abgeriebenen **Zitronenschale** bestreuen. Das Backblech mit 1 EL **Rapsöl** einpinseln und den Lachs darauflegen. Den Lachs im vorgeheizten Backofen bei 90 °C Ober-/Unterhitze etwa 15 Minuten garen. **2** Den **Blumenkohl** waschen, putzen und in Röschen teilen. Die **Zwiebel** schälen und fein hacken. Die **Banane** schälen und in Scheiben schneiden. In einem Topf reichlich Wasser zum Kochen bringen, Blumenkohlröschen darin 2–3 Minuten kochen. Mit einer Schaumkelle herausnehmen und auf einen Teller legen. Das Kochwasser wegschütten. In dem Topf das restliche **Rapsöl** erhitzen, Zwiebeln und Blumenkohl darin anschwitzen. Die Bananenscheiben dazugeben und alles mit **Gemüsebrühe** und **Kokosmilch** aufgießen. Kurz köcheln lassen, dann mit **Zucker, Zitronensaft, Currypulver, Salz** und **Chilipulver** abschmecken. **3** Das Curry zum Lachs servieren und alles mit den Salamichips bestreuen.

🛒

6 Scheiben grobe,
  extrascharfe Salami
  (dünn geschnitten)
250 g Lachsfilet
¼ Blumenkohl
1 Banane

🏠

Meersalz
Saft und abgeriebene
  Schale von 1 Biozitrone
3 EL Rapsöl
1 Zwiebel
200 ml Gemüsebrühe
100 ml Kokosmilch
1 EL Zucker
1 EL Currypulver
Chilipulver

# Dinkelspaghetti / Garnelen / Tomaten

## FÜR 2 PORTIONEN

8 mittelgroße, geputzte Garnelen
2 Karotten (etwa 100 g)
300 g Dinkelspaghetti
1 EL gehackte Petersilie
   zum Garnieren

1 dicke Zwiebel
100 ml Weißwein
Saft und abgeriebene Schale von
   1 Biozitrone
2 EL Tomatenmark
100 ml Tomatenpüree (Dose)
Meersalz
schwarzer Pfeffer
1 Knoblauchzehe

## ARBEITSZEIT **20 MINUTEN**
## KOCHZEIT **20 MINUTEN**

**1** **Garnelen** in Würfel schneiden. **Karotten** waschen, putzen und fein hobeln. **Zwiebel** schälen und würfeln. Garnelen, Karotten und Zwiebeln in einem Topf in **Weißwein** kurz erhitzen und schwenken. **Zitronenschale** und **-saft, Tomatenmark, Tomatenpüree, Salz** und **Pfeffer** zugeben, die Sauce erhitzen.

**2** In der Zwischenzeit die **Nudeln** in reichlich **Salzwasser** nach Packungsanweisung kochen. Wenn die Sauce etwa 10 Minuten gekocht hat, **Knoblauchzehe** schälen und in die Sauce pressen. Nach weiteren 5 Minuten die Sauce abschmecken und mit den Spaghetti anrichten. Mit **Petersilie** bestreut servieren.

# Süßkartoffel / Shrimps / Ziegenquark

**Nur
1 Backblech**

## FÜR 2 PORTIONEN

2 dicke Süßkartoffeln
1 Bund glatte Petersilie
200 ml Ziegenquark
250 g Shrimps in Lake

40 ml Milch
Meersalz
schwarzer Pfeffer
1 EL edelsüßes Paprikapulver
2 EL Olivenöl

**ARBEITSZEIT 10 MINUTEN
BACKZEIT 45 MINUTEN**

**1** Den Backofen auf 180 °C Ober-/Unterhitze vorheizen. **2** Die **Süßkartoffeln** waschen und einzeln in Alufolie einschlagen. Auf ein Backblech legen und im Backofen etwa 45 Minuten backen. **3** In der Zwischenzeit die **Petersilie** waschen und hacken. **Quark** mit **Milch** und Petersilie verrühren – etwas Petersilie zum Garnieren beiseitelegen – und mit **Salz, Pfeffer** und **Paprikapulver** würzen. Die **Shrimps** aus der Lake abschütten und mit dem **Olivenöl** mischen. **4** Mit einem spitzen Messer in die Süßkartoffeln stechen und prüfen, ob sie weich sind. Fertige Kartoffeln aus der Folie nehmen, der Länge nach einschneiden, mit Quark und Shrimps füllen und mit Petersilie bestreut servieren.

# PIZZA / TOMATEN
# TRÜFFEL / LACHS

## FÜR 2 PORTIONEN

1 Packung Pizzateig für ein
   Backblech (Kühlregal oder
   Grundrezept auf Seite 163)
200 g Lachsfilet
1 EL Trüffelpaste (schwarzer
   oder weißer Trüffel)
2 EL Crème fraîche

300 ml Tomatenpüree (Dose)
Meersalz
Zucker
3 EL Olivenöl
2 EL weißer Balsamico-Essig
1 TL getrockneter Majoran

## ARBEITSZEIT **20 MINUTEN**
## BACKZEIT **8 MINUTEN**

**1** Den Backofen nach Anweisung auf der Pizzateig-packung vorheizen. Den **Pizzateig** auf ein Backblech legen. Das **Tomatenpüree** mit etwas **Salz,** 2 EL **Zucker, Olivenöl** und **Balsamico-Essig** verrühren und gleichmäßig auf dem Pizzateig verteilen. Die Pizza im vorgeheizten Ofen nach Packungsanweisung backen. **2** In der Zwischenzeit das **Lachsfilet** in dünne Scheiben schneiden. **3** Die gegarte Pizza aus dem Ofen nehmen und sofort mit den Lachsscheiben belegen. **Trüffelpaste** und **Crème fraîche** punktuell dazwischen verteilen. Die Pizza mit **Majoran** bestreuen und servieren.

# Avocado / Thunfisch / Toast

## FÜR 2 PORTIONEN

½ Avocado
150 g Thunfischsteak
½ Bund Koriandergrün

4 Scheiben Toastbrot
2 EL süße Chilisauce
Meersalz
2 EL Olivenöl

## ARBEITSZEIT **20 MINUTEN**

**1** Die **Avocado** schälen, vom Stein befreien und das Fruchtfleisch in Streifen schneiden. Den **Thunfisch** in Streifen schneiden. **Koriandergrün** waschen und hacken. **2** Thunfisch und Avocado gleichmäßig auf zwei **Toastscheiben** verteilen, dann mit **Chilisauce, Salz** und Koriander würzen und jeweils mit einer zweiten Toastscheibe belegen. **3** Das **Olivenöl** in einer Pfanne erhitzen und den Toast darin anbraten. Toast mit einem Topf beschweren und bei mittlerer Hitze 2 Minuten weiterbraten. Die Toasts wenden, wieder beschweren und 1–2 Minuten fertigbraten.

# Lachstranchen / Dill / Gurke

**1 mittelgroße Schüssel,
1 mittelgroße Pfanne**

## FÜR 2 PORTIONEN

1 Gurke
3 EL Joghurt
½ Bund Dill
300 g Lachsfilet (frisch oder TK)

Meersalz
schwarzer Pfeffer
5 EL weißer Balsamico-Essig
4 EL Sojasauce
3 EL süße Chilisauce

ARBEITSZEIT **20 MINUTEN**
KOCHZEIT **8 MINUTEN**

**1** Die **Gurke** schälen, die Kerne herauskratzen und die Gurke in kleine Würfel schneiden. Den **Joghurt** mit **Salz, Pfeffer** und 1 EL **Balsamico-Essig** verrühren. Den **Dill** waschen und hacken. Die Gurkenwürfel mit Dill und Joghurt verrühren. **2** Das **Lachsfilet** in sechs Stücke schneiden. Den restlichen **Balsamico-Essig, Sojasauce, Chilisauce** und 100 ml Wasser in einer Pfanne erhitzen, aber nicht kochen (60–70 °C). Den Lachs in den Sud legen und 5–7 Minuten darin ziehen lassen. Er sollte innen noch leicht glasig sein. Den Lachs aus dem Sud nehmen und lauwarm mit dem Gurkenjoghurt anrichten.

**Tipp:** Der Sud kann mehrmals verwendet werden.

# KOHLRABI-KARTOFFELN / BRATHERING

**NUR 1 GROSSE**

**PFANNE MIT DECKEL**

## FÜR 2 PORTIONEN

2 Bratheringfilets (Fischtheke
    oder Kühlregal)
2 Knollen Kohlrabi
1 Bund glatte Petersilie

4 festkochende Kartoffeln (300 g)
2 EL Rapsöl
1 EL Butter
½ TL gemahlener Kümmel
Meersalz
schwarzer Pfeffer

## ARBEITSZEIT **25 MINUTEN**

**1** Die **Bratheringe** aus dem Kühlschrank nehmen und auf Zimmertemperatur bringen. **2** **Kohlrabi** und **Kartoffeln** schälen und in gleich große Würfel schneiden. **Rapsöl** in einer großen Pfanne erhitzen und Kohlrabi- und Kartoffelwürfel darin anbraten, bis das Gemüse etwas Farbe annimmt. Dann nach etwa 5 Minuten mit einem Schuss Wasser ablöschen, Deckel auflegen und das Gemüse weitere 10 Minuten garen. **3** **Petersilie** waschen und hacken – etwas Petersilie zum Garnieren beiseitelegen – und mit der **Butter** unterrühren. Mit **Kümmel, Salz** und **Pfeffer** würzen, auf tiefen Tellern anrichten. Die Heringsfilets daraufsetzen. Mit Petersilie bestreut servieren.

**Tipp:** Die Mayo kann man in
den nächsten Tagen auch toll
zu Pommes essen.

# THUNFISCH / KAPERN
# JOGHURTMAYO / RÖSTBROT

1 PFANNE, 1 STABMIXER

## FÜR 2 PORTIONEN

2 Scheiben Krustenbrot
200 g guter Dosenthunfisch oder
    frisches Thunfischsteak
10 Kapern in Lake
4 EL Joghurtmayo (siehe unten)

1 Knoblauchzehe
2 EL Olivenöl
schwarzer Pfeffer

2 EL Joghurt

1 TL mittelscharfer Senf
1 Schuss weißer Balsamico-Essig
100 ml Rapsöl
1 Prise Meersalz

## ARBEITSZEIT **15 MINUTEN**

**1** Eine Pfanne mit **Knoblauch** ausreiben. **Olivenöl** in die Pfanne geben und das **Brot** darin rösten. Brot herausnehmen und das frische **Fischfilet** darin anbraten. **Dosenthunfisch** und **Kapern** abtropfen lassen.

**2** Das Brot mit allem abwechselnd belegen. Mit **Joghurtmayo** beträufeln und mit **Pfeffer** bestreuen.

## JOGHURTMAYO

**Joghurt, Senf** und **Balsamico-Essig** in einem Mixbecher verrühren. Das **Öl** langsam zugießen und mit einem Stabmixer von unten nach oben durch den Mixbecher ziehen. Die Mayo mit **Salz** würzen. Hält sich im Kühlschrank bis zu 1 Woche.

# Knusperseelachs / Chicorée / Speck

Nur 1 Pfanne

## FÜR 2 PORTIONEN

1 Chicorée
50 g durchwachsener Speck
einige Stängel Petersilie
2 Seelachsfilets (à 120 g)

2 EL Olivenöl
1 EL weißer Balsamico-Essig
Meersalz
schwarzer Pfeffer
½ rote Zwiebel
1 Eiweiß
40 g Paniermehl
2 EL Rapsöl
½ Zitrone

## ARBEITSZEIT **35 MINUTEN**
## KOCHZEIT **15 MINUTEN**

**1** Den **Chicorée** waschen, putzen und in einzelne Blätter teilen. Die Blätter auf zwei Tellern anrichten und mit einer Marinade aus **Olivenöl, Balsamico-Essig, Salz** und **Pfeffer** beträufeln. **2** Den **Speck** in Würfel schneiden und in einer Pfanne knusprig ausbraten. Die **Zwiebel** schälen und fein schneiden, die **Petersilie** waschen und grob zupfen. Speck, Zwiebeln und Petersilie auf dem Chicorée verteilen. **3** Die **Seelachsfilets salzen,** von einer Seite mit **Eiweiß** bepinseln und diese Seite in **Paniermehl** drücken. **Rapsöl** in der Speckpfanne erhitzen und den Fisch darin auf der panierten Seite schön kross braten. **Zitrone** in Spalten schneiden und mit dem Chicoréesalat zum Fisch servieren.

# ZITRONEN-GARNELEN / BAGUETTE

**Nur 1 große, ofenfeste Pfanne oder Auflaufform**

## FÜR 2 PORTIONEN

10 Garnelen mit Schale (ohne
   Kopf, Größe 13/15)
1 frische rote Chilischote
1 EL gehackte Petersilie
   zum Garnieren
1 Baguette

3 EL Paniermehl
Meersalz
5 EL Olivenöl
5 EL Weißwein
2 Knoblauchzehen
1 Biozitrone

**ARBEITSZEIT 15 MINUTEN**
**BACKZEIT 25 MINUTEN**

**1** Die ungeschälten **Garnelen** der Länge nach halbieren und vom Darm befreien. In eine große, ofenfeste Pfanne oder eine Auflaufform legen und mit **Paniermehl** und **Meersalz** bestreuen. **Olivenöl** und **Weißwein** angießen und darauf achten, dass die Garnelen nicht komplett untergetaucht sind. **2** Den Backofen auf 180 °C Umluft (Grill) vorheizen. **3** Die **Knoblauchzehen** schälen und fein hacken, die **Zitrone** abwaschen und in Scheiben schneiden, die **Chilischote** waschen, entkernen und fein hacken. Dann Knoblauch, Zitrone und Chili im Sud verteilen. **4** Die Garnelen im Backofen bei etwa 15–20 Minuten garen, dabei hin und wieder mit dem Sud übergießen. Mit der **Petersilie** bestreut in der Form servieren und mit dem **Baguette** den Sud dippen.

# GEBEIZTER WARMER LACHS
# KARTOFFELPUFFER
# DILLSCHMAND

**Nur
1 Backblech**

## FÜR 2 PORTIONEN

500 g Lachsfilet mit Haut
½ Bund Dill
4 Kartoffelpuffer (TK oder
    Grundrezept auf Seite 159)
150 g Schmand

3 EL Zucker
3 EL Orangensaft
2 EL Olivenöl
Meersalz
schwarzer Pfeffer

ARBEITSZEIT **10 MINUTEN**
KOCHZEIT **10 MINUTEN**
ZEIT FÜR DAS BEIZEN **12 STUNDEN**

**1** Fürs Abendessen das **Lachsfilet** am Morgen in einen Gefrierbeutel geben. **Dill** waschen und hacken. Aus **Zucker,** ein wenig Dill, **Orangensaft, Olivenöl,** 2 EL **Salz** und etwas **Pfeffer** eine Beize anrühren. Die Beize zum Lachs in den Gefrierbeutel gießen, den Lachs mit der Beize gut umgeben, den Beutel verschließen und etwa 12 Stunden in den Kühlschrank legen. **2** Abends den Lachs herausnehmen, mit Küchenpapier abtupfen und in vier Stücke schneiden. Die **Kartoffelpuffer** auf ein Backblech legen und im Ofen bei 190 °C Ober-/Unterhitze schön kross backen. Kurz vor Ende der Garzeit den Lachs 1 Minute dazulegen, sodass er leicht warm wird. Den **Schmand** mit dem restlichen Dill und etwas **Salz** verrühren und zum Lachs und zu den Kartoffeln anrichten.

# Einfache SUPPEN UND SALATE

# Zitronengras / Curry / Garnelen

**1 Topf und 1 Stabmixer**

## FÜR 2 PORTIONEN

6 mittelgroße, geputzte Garnelen
2 Karotten (etwa 100 g)
2 Stängel Zitronengras

1 Zwiebel
2 EL Rapsöl
400 ml Gemüsebrühe
100 ml Kokosmilch
2 EL Currypulver
2 EL Kokosessig
Meersalz
schwarzer Pfeffer
1 EL Zucker

## ARBEITSZEIT **30 MINUTEN**
## KOCHZEIT **20 MINUTEN**

**1** Die **Garnelen** abspülen und trocken tupfen.

**2** Die **Karotten** schälen und in Stücke schneiden, die **Zwiebel** schälen und fein schneiden. In einem Topf das **Rapsöl** erhitzen. Karotten und Zwiebeln darin anschwitzen. Mit der **Gemüsebrühe** auffüllen und etwa 20 Minuten köcheln lassen. **Kokosmilch, Currypulver** und **Kokosessig** zugeben und mit **Salz, Pfeffer** und **Zucker** abschmecken. Die **Zitronengrasstängel** halbieren, in die Suppe geben, einen Deckel auflegen und das Zitronengras 30 Minuten ziehen lassen. **3** Zitronengras entfernen und die Suppe mit einem Stabmixer pürieren. Die Suppe durch ein Sieb gießen, noch einmal erhitzen und die Garnelen darin 5 Minuten gar ziehen lassen. Mit **Pfeffer** abschmecken und servieren.

**Tipp:** Sehr fein schmecken die Garnelen auch mit etwas Salz in Öl gebraten und separat zur Suppe serviert.

# TOMATEN
# BROT / BASILIKUM
# RACLETTEKÄSE

Nur

*1 Pfanne*

groß

## FÜR 2 PORTIONEN

2 Scheiben Krustenbrot (gern
   auch vom Vortag)
3 reife Tomaten
1 Bund Basilikum
4 Scheiben Raclettekäse ohne
   Rinde (80 g)

1 Knoblauchzehe
2 EL Olivenöl
2 EL dunkler Balsamico-Essig
1 EL Honig
1 EL mittelscharfer Senf
Meersalz
schwarzer Pfeffer

## ARBEITSZEIT **15 MINUTEN**
## KOCHZEIT **8 MINUTEN**

**1** Die **Knoblauchzehe** schälen, halbieren und die **Brotscheiben** damit kräftig einreiben. Dann das Brot in grobe Würfel schneiden und mit **Öl** kurz in der Pfanne anschwitzen. **2** **Tomaten** waschen, vierteln und von Stielansätzen und Kernen befreien. **Basilikum** waschen und hacken, dabei einige Blättchen zum Garnieren beiseitelegen. Tomatenviertel, **Balsamico-Essig, Honig, Senf, Salz, Pfeffer** und Basilikum mit in die Pfanne geben und alles gut durchmischen. **3** Den Salat auf Tellern anrichten. Die benutzte Pfanne wieder auf den Herd stellen, **Raclettekäse** darin schmelzen und über die beiden Teller laufen lassen. Mit den Basilikumblättchen garnieren.

# Feldsalat / Eier / Nordseekrabben / Avocado

Nur

*1 Topf*

mittelgroß

**FÜR 2 PORTIONEN**

3 EL Kürbiskernöl
400 g Feldsalat
1 Avocado
300 g Nordseekrabben

4 Eier
2 mehligkochende Kartoffeln
  (etwa 200 g)
Meersalz
3 EL Sahne
2 EL weißer Balsamico-Essig
schwarzer Pfeffer
Zucker

**ARBEITSZEIT 20 MINUTEN**
**KOCHZEIT 30 MINUTEN**

**1** Die **Eier** in 8 Minuten hart kochen, pellen und in Viertel schneiden. **2** Die **Kartoffeln** schälen, vierteln und in **Salzwasser** kochen. Das Wasser abgießen und die Kartoffeln stampfen. Mit **Sahne, Öl** und **Balsamico-Essig** verrühren, bis eine dickliche Sauce entstanden ist. Dann mit **Salz, Pfeffer** und **Zucker** abschmecken. **3** Den **Feldsalat** putzen, waschen und auf zwei Tellern anrichten. Die Sauce punktuell darauf verteilen. Die **Avocado** schälen, vom Stein befreien und das Fruchtfleisch in Scheiben schneiden. **Krabben,** Eier und Avocado zum Salat geben und sofort servieren.

# Curry / Linsen / Kokos / Banane

**1 GROSSER TOPF UND**

**1 MITTELGROSSE PFANNE**

## FÜR 2 PORTIONEN

100 g rote Linsen
1 Banane

400 ml Gemüsebrühe
2 EL Currypulver
200 ml Kokosmilch
2 EL Kokosessig
Meersalz
schwarzer Pfeffer
3 EL süße Chilisauce
1 Eiweiß
2 EL Paniermehl
2 EL Rapsöl

ARBEITSZEIT **20 MINUTEN**
KOCHZEIT **25 MINUTEN**

**1** **Linsen** in Wasser ohne Salz etwa 15–20 Minuten garen. Das Wasser abgießen und **Gemüsebrühe**, **Currypulver** und **Kokosmilch** zu den Linsen geben. Die Suppe erwärmen und mit **Essig, Salz, Pfeffer** und **Chilisauce** abschmecken. Mit einem Stabmixer pürieren und warm halten. **2** Das **Eiweiß** in einem tiefen Teller etwas verschlagen. Die **Banane** schälen, der Länge nach halbieren und durch das Eiweiß ziehen. Die Hälften jeweils in **Paniermehl** wenden und in einer Pfanne im erhitzten **Rapsöl** von jeder Seite etwa 3 Minuten ausbacken. Die Banane in oder neben der Suppe anrichten.

# LAUCH / JOGHURT / CURRY / BEEFSTEAK

**1 Backblech,
1 mittelgroßer Topf und
1 beschichtete Pfanne**

## FÜR 2 PORTIONEN

350 g Rinderhüftsteak am Stück
1 Stange Lauch (etwa 150 g)
2 EL griechischer Joghurt Natur
10 Walnusskerne (etwa 50 g)

2 EL Rosinen
Meersalz
2 EL Mayonnaise
1 EL Currypulver
1 EL Zucker

## ARBEITSZEIT **12 MINUTEN**
## KOCHZEIT **25 MINUTEN**

**1** Den Backofen auf 95 °C Ober-/Unterhitze vorheizen. **2** Das **Steak** auf ein Backblech legen, in den Backofen schieben und 20 Minuten ziehen lassen. Die **Rosinen** in Wasser einweichen. **3** Die **Lauchstange** halbieren, waschen, putzen und in 2 cm breite Scheiben schneiden. Den Lauch in kochendem **Salzwasser** 3 Minuten blanchieren, abgießen und kalt abschrecken. **4** In einer Salatschüssel **Joghurt** mit **Mayonnaise** und **Currypulver** verrühren. Mit **Salz** und **Zucker** würzen. **Walnusskerne,** Rosinen und den Lauch dazugeben. **5** Das Steak in einer beschichteten Pfanne ohne Fett von beiden Seiten etwa 2 Minuten bei hoher Temperatur braten, in zwei Teile schneiden und zum Salat servieren.

# FARFALLE HÜTTENKÄSE BACON

1 BACKBLECH, 1 GROSSER TOPF

## FÜR 2 PORTIONEN

5 Scheiben Speck (80 g)
200 g Farfalle
200 g körniger Hüttenkäse
1 Schale Kresse

Meersalz
200 ml Gemüsebrühe
3 EL Olivenöl
2 EL Honig
4 EL weißer Balsamico-Essig
schwarzer Pfeffer

## ARBEITSZEIT **35 MINUTEN**

**1** Den Backofen auf 140 °C Umluft vorheizen. Den **Speck** im Ofen auf einem Gitter etwa 20 Minuten trocknen lassen, dabei das Backblech unterschieben. Den Speck herausnehmen und bei Zimmertemperatur auskühlen lassen. **2** **Nudeln** nach Packungsanweisung in **Salzwasser** kochen. Abgießen und noch warm mit der **Gemüsebrühe** in eine Schüssel geben. **Olivenöl, Honig** und **Balsamico-Essig** untermischen. Den Speck in feine Streifen schneiden und zu den Nudeln geben. Nudelsalat mit **Salz** und **Pfeffer** abschmecken. Lauwarm in tiefe Teller füllen und punktuell den **Hüttenkäse** und die abgeschnittene **Kresse** darauf verteilen.

# GRUND-
# REZEPTE

# FRISCHE BANDNUDELN

## FÜR 4 PORTIONEN

180 g Nudelmehl (Semola)
1 Prise Kurkuma zum Färben

2 Eier
1 EL Olivenöl
1 Prise Meersalz
Mehl zum Ausrollen

## ARBEITSZEIT **20 MINUTEN**   KÜHLZEIT **30 MINUTEN**

**1** Alle **Zutaten** mit 1 EL lauwarmem Wasser in einer Schüssel vermischen, anschließend auf einer Arbeitsplatte kräftig zu einem glatten Teig verkneten. Den Teig in Klarsichtfolie gewickelt im Kühlschrank 30 Minuten ruhen lassen. **2** Dann mit einer Nudelmaschine oder per Hand mit dem Nudelholz dünn ausrollen und in Streifen schneiden. **3** Die frischen Nudeln in kochendem **Salzwasser** 1 ½–2 Minuten kochen lassen.

**Tipp:** Das Nudelmehl gibt es in Italien, in italienischen Läden und im Internet zu kaufen. Alternativ kann man auch eine Mischung aus normalem Mehl (Type 405 oder 550) und Hartweizengrieß zu gleichen Teilen verwenden.

# BASILIKUMPESTO

## FÜR 4 PORTIONEN

2 EL Pinienkerne
1 Bund Basilikum
1 Bund Rucola
2 EL Parmesan

eventuell 1 Knoblauchzehe
4 EL mildes Olivenöl
Meersalz

## ARBEITSZEIT **15 MINUTEN**

**1** **Pinienkerne** in einer Pfanne ohne Fett goldgelb rösten und abkühlen lassen. **Basilikum** und **Rucola** waschen und sorgfältig trocken tupfen. Die Kräuter sehr fein hacken oder grob gehackt in einen Mixbecher geben. Die Pinienkerne ebenfalls sehr fein hacken oder in den Mixbecher geben. Eventuell die **Knoblauchzehe** schälen und fein hacken oder in den Mixbecher geben. **2** Kräuter, Pinienkerne und Knoblauch mit dem Mixstab pürieren. Den **Parmesan** fein reiben und mit dem **Olivenöl** und dem **Salz** untermischen. Wer keinen Mixstab verwendet, verrührt die fein gehackten Zutaten in einer Schüssel mit Öl, Salz und Käse.

FRISCHE BANDNUDELN

**! Nur
1 Nudelmaschine
oder 1 Nudelholz**

PESTO

**! 1 kleine Pfanne,
eventuell 1 Stabmixer**

# KARTOFFELPUFFER

## NUR 1 BESCHICHTETE PFANNE

### FÜR 4 KARTOFFELPUFFER

1 EL Quark (20 % Fett)

3 mittelgroße festkochende
   Kartoffeln
2 Eier
2 EL Mehl
Meersalz
schwarzer Pfeffer
Muskatnuss
2 EL Rapsöl

### ARBEITSZEIT **30 MINUTEN**

**1** Die **Kartoffeln** schälen, fein oder grob reiben und in einem Tuch ausdrücken. Die geriebenen Kartoffeln mit **Quark, Eiern** und **Mehl** vermischen und mit **Salz, Pfeffer** und **Muskat** kräftig abschmecken.

**2** Das **Öl** in einer beschichteten Pfanne erhitzen und mit einem Esslöffel die Kartoffelmasse als kleine Plätzchen ins heiße Fett setzen. Die Puffer von beiden Seiten kross ausbacken und auf Küchenpapier abtropfen lassen.

# SCHUPFNUDELN

## FÜR 4 PORTIONEN

2 dicke, mehligkochende
  Kartoffeln (etwa 400 g)
2 Eigelb
50 g Speisestärke
etwa 4 EL Mehl
1 EL Butter
Meersalz
schwarzer Pfeffer
Muskatnuss

## ARBEITSZEIT **20 MINUTEN** BACKZEIT **60 MINUTEN**

**❶** Die **Kartoffeln** waschen, auf ein Backblech legen und bei 160 °C Ober-/ Unterhitze im Ofen 60 Minuten backen. Dann noch warm pellen und durch die Kartoffelpresse drücken. Die Masse mit **Eigelben, Speisestärke, Mehl** und **Butter** verrühren. Mit **Salz, Pfeffer** und **Muskat** abschmecken. Falls der Teig zu feucht ist, noch etwas **Mehl** einarbeiten. Den Teig zu einer Rolle formen.
**❷** Die Rolle in fingerdicke Scheiben schneiden, die Scheiben mit der leicht gewölbten Handfläche zu fingerdicken Nudeln rollen, die an den Enden etwas dünner werden. Dann die Schupfnudeln in reichlich kochendem **Salzwasser** bei mittlerer Temperatur etwa 5 Minuten ziehen lassen. Die Schupfnudeln mit einer Schaumkelle herausnehmen, unter kaltem Wasser abbrausen und in einem Sieb gut abtropfen lassen.

# MAULTASCHEN

## FÜR 4 PORTIONEN
## (8 MAULTASCHEN)

 **FÜR DEN TEIG**

200 g Mehl (Type 405)
2 Eier
1 Prise Meersalz

 **FÜR DIE FÜLLUNG**

1 Bund glatte Petersilie
2 Brötchen
4 grobe, rohe Bratwürste (à
  80 g; oder 320 g gemischtes,
  gewürztes Hackfleisch)

 **FÜR DIE FÜLLUNG**

2 Zwiebeln
2 EL Butter
100 ml Sahne oder Milch
2 Eier
Salz, schwarzer Pfeffer,
  edelsüßes Paprikapulver

## ARBEITSZEIT **45 MINUTEN** KÜHLZEIT **30 MINUTEN**

**❶** **Mehl, Eier** und **Salz** zu einem glatten Teig verkneten, zu einer Kugel formen und in Klarsichtfolie gewickelt im Kühlschrank 30 Minuten ruhen lassen. Den gekühlten Teig mit einer Nudelmaschine zu langen Teigbahnen ausrollen, dabei darauf achten, dass sie nicht zu dünn werden. **❷** Für die Füllung die **Petersilie** waschen, die **Zwiebeln** schälen und beides fein hacken. Die **Brötchen** in feine Scheiben schneiden. Die **Butter** in einem Topf erhitzen und die Zwiebeln darin anschwitzen, bis sie schön Farbe annehmen. Mit **Sahne** oder **Milch** ablöschen und die Brötchenscheiben dazugeben. Den Topf vom Herd ziehen und die Masse gut durchkneten. Die **Eier** untermischen und alles abkühlen lassen. Das **Mett** aus den Bratwürsten drücken und mit der Petersilie gut untermischen. Die Masse mit **Salz, Pfeffer** und **Paprikapulver** verfeinern. **❸** Die Teigbahnen auf die Arbeitsfläche legen und die Füllung in kleinen Portionen der Länge nach in die Mitte der Teigbahnen setzen. Die obere und die untere Seite der Nudelteigbahnen darüberklappen und an den Rändern gut zusammendrücken. Mit einem Kochlöffelstiel zwischen den Füllungen den Teig kräftig zusammendrücken, sodass die einzelnen Maultaschen geformt werden. Mit einem Teigrädchen oder einem scharfen Messer die Maultaschen abschneiden und die Ränder noch einmal gut zusammendrücken. **❹** Dann die Maultaschen in siedendem (soll nicht richtig kochen!) **Salzwasser** 10 Minuten ziehen lassen. Die Maultaschen mit einer Schaumkelle herausnehmen, unter kaltem Wasser abbrausen und in einem Sieb gut abtropfen lassen.

SCHUPFNUDELN

! 1 Backblech,
1 mittelgroßer Topf,
1 Kartoffelpresse

MAULTASCHEN

! 1 Nudelmaschine,
1 mittelgroßer Topf

# PIZZATEIG

NUR 1 NUDELHOLZ

## FÜR 4 PORTIONEN

3 g frische Hefe

500 g Weizenmehl (Type 405)
12 g Meersalz
1 Prise Zucker
1 EL Olivenöl

## GÄRZEIT **6–12 STUNDEN**

**1** **Weizenmehl** und **Salz** in einer Schüssel vermischen. Die **Hefe** mit einer Prise **Zucker** und 100 ml warmem Wasser in eine kleine Schüssel geben und darin auflösen. 200 ml kaltes Wasser, das Hefewasser und das **Olivenöl** zum Mehl geben, alles gut vermischen und zu einem glatten Teig verkneten.
**2** Den Teig idealerweise 6–12 Stunden mit Klarsichtfolie abgedeckt bei Zimmertemperatur gehen lassen, bevor er weiterverarbeitet wird.

# INDEX

### Einfach und köstlich – das Kochbuch zur Sendung

Björn Freitag, der Sterne- und WDR-Fernsehkoch, zeigt in diesem Kochbuch, wie einfach gute Küche gelingen kann. Seine Rezepte nehmen dabei aktuelle Trends auf, wie zum Beispiel Klassiker reloaded, vergessene Speisen oder Heimatküche neu entdeckt. Seit über vier Jahren läuft im WDR die Sendung „Einfach und köstlich" mit Björn Freitag sehr erfolgreich, sodass eine große Fanschar schon lange auf das Buch zur Sendung gewartet hat. Mit vielen praktischen Zubereitungstipps und spannenden Ernährungsratschlägen der Ökotrophologin Anja Tanas erfährt der Leser, wie sich aus der

Fülle der frischen Produkte im Handumdrehen köstliche, schnelle und gesunde Gerichte zaubern lassen. Dabei ist Björn Freitags Küche nicht nur besonders ideenreich, sondern oft sogar verblüffend günstig. Es muss also nicht immer Exotisches und Extravagantes aus den entferntesten Ländern der Welt auf den Tisch, denn die Zutaten beispielsweise aus der Region sind noch längst nicht ausgereizt. Das Buch ist so nicht nur für die Fans der Sendung, sondern für alle Kochbegeisterten eine perfekte Inspirationsquelle für schnelle und raffinierte Rezepte.

EINFACH UND KÖSTLICH    Schnelle Genussküche mit Pfiff
Rezepte: Björn Freitag, Text: Anja Tanas, Fotografie: Hubertus Schüler, 160 Seiten, 70 Fotos, Format 23,5 × 28 cm, gebunden, mit SU
28,00 EUR (D), 28,80 EUR (A), ISBN 978-3-95453-109-7

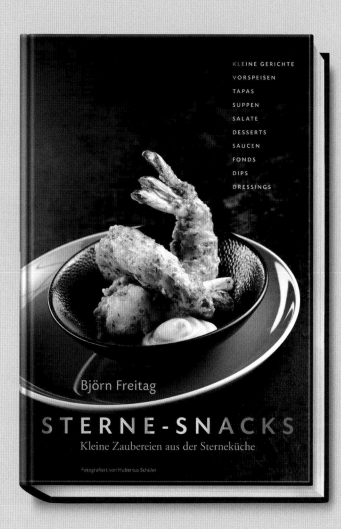

## Sterneküche für den kleinen Hunger

Björn Freitags Buch „Sterne-Snacks" hat es schnell in
den Olymp anspruchsvoller Kochkunst geschafft und
gleich mehrere Auszeichnungen abgeräumt. Unzäh-
ligen Magazinen war es eine besondere Empfehlung
wert. Der Tenor: großes Lob für die Qualität der Rezepte
und die wunderbare Aufmachung sowie Anerkennung
für die raffinierten Rezeptvarianten für Vegetarier
und Allergiker.

So lassen sich Lieblingsspeisen auch im Kreis lieber
Gäste mit individuellen Ernährungsgewohnheiten
ohne zusätzlichen Stress zubereiten. Die Einkaufs-
listen zu den Rezepten können von der Verlagswebsite
ausgedruckt werden – mit Rechner für die Personen-
zahl. Ein in jeder Hinsicht beeindruckendes Koch-
buch, natürlich auch als Geschenk für alle, die gern
ambitioniert kochen.

STERNE-SNACKS    Kleine Zaubereien aus der Sterneküche
Rezepte: Björn Freitag, Co-Autor: Michael Piater, Fotografie: Hubertus Schüler, 192 Seiten, 84 ganzseitige Fotos,
Großformat 23 × 34,5 cm, gebunden, mit SU
39,90 EUR (D), 41,10 EUR (A), ISBN 978-3-938100-26-4

**BECKER
JOEST
VOLK
VERLAG**

www.bjvv.de

# DANK

„In der Einfachheit liegt die höchste Vollendung", wird bereits Leonardo da Vinci zitiert. Viele der beliebtesten Speisen sind nicht zuletzt deswegen ganz einfacher Natur: frittierte Stäbchen aus Kartoffeln, gebratenes Hackfleisch im Brötchen oder Käse und Saucenreste verteilt auf ausgerollten Brotfladen. Als Pommes, Burger und Pizza haben sie die Welt erobert. Aber es gibt Rezepte, die noch einfacher sind – vor allem einfacher zu machen.

Björn Freitag hat seine kreative Kochkunst auf Dinge gerichtet, die fantastisch schmecken, aber eben wenig Arbeit machen, jedem gelingen und manchmal fast im Handumdrehen fertig sind. So ist „Smart Cooking" entstanden. Es war ein ungetrübtes Vergnügen, die Rezepte aus diesem Buch Probe zu kochen: wenig Aufwand beim Einkaufen, Zubereiten und Aufräumen, dafür ganz viel Geschmack auf dem Teller. Das Buch wird einen festen Platz unter unseren Lieblingskochbüchern bekommen. Herzlichen Dank für diese tollen Rezepte, Björn!

Allen Beteiligten an dem Projekt, die geholfen haben, das Buch so übersichtlich und appetitanregend zu gestalten, danken wir für ihren besonderen persönlichen Einsatz: Hubertus Schüler für die wie immer hervorragende fotografische Inszenierung der Köstlichkeiten und Stefan Mungenast für das wunderbare Foodstyling, Justyna Krzyżanowska für die perfekten Porträtfotos, Anne Krause für die liebevolle Detailarbeit beim Layout und bei der Umsetzung, Ellen Schlüter und Sven Pawlowski für den Feinschliff an den Bildern, Dorothea Steinbacher für das Fachlektorat der Rezepte und Doreen Köstler für das Lektorat und die Schlusskontrolle. Johanna Hänichen danken wir für die erfolgreiche Leitung des Projekts.

Ralf Joest, Becker Joest Volk Verlag

# IMPRESSUM

Originalausgabe
Becker Joest Volk Verlag GmbH & Co. KG
Bahnhofsallee 5, 40721 Hilden, Deutschland
© 2017 – alle Rechte vorbehalten
1. Auflage April 2017

ISBN 978-3-95453-128-8

Rezepte: Björn Freitag
Foodfotografie: Hubertus Schüler
Foto-Assistenz: Benedikt Koester
Foodstyling: Stefan Mungenast
Porträt: Dipl.-Des. Justyna Krzyżanowska
Projektleitung: Johanna Hänichen
Typografische Konzeption, Layout, Satz:
Dipl.-Des. Anne Krause
Bildbearbeitung: Ellen Schlüter und Makro Chroma
   Joest & Volk OHG, Werbeagentur, Sven Pawlowski
Fachlektorat Rezepte: Dorothea Steinbacher
Lektorat: Doreen Köstler
Druck: Firmengruppe Appl, aprinta druck GmbH

**BECKER
JOEST
VOLK
VERLAG**

www.bjvv.de